Anselm Grün

Das Buch der Antworten

W0053287

HERDER spektrum

Band 6265

Das Buch

Es gibt Fragen, die immer wieder auftauchen – seit je. Und Situationen, die alles in Frage stellen können, immer wieder: Warum ist gerade mir das passiert? Was bin ich eigentlich wert? Bin ich frei? Worauf kann ich mich noch verlassen? Wie finde ich mein Glück? Was tröstet wirklich? Hoffen über den Tod hinaus – wie sicher ist das? Wird alles gut? Floskeln helfen hier nicht. Anselm Grün findet eine neue Sprache, indem er bei Erfahrungen ansetzt. Er spürt dem roten Faden in unserem Leben nach. Und gibt – ehrlich und ganz persönlich – Antworten, die tragen.

„Irgendwann begegnen wir alle den so genannten letzten Fragen. Den Königsfragen des Lebens. Da kann man machen, was man will – an diesen Fragen kommt nun mal keiner vorbei. Schön, wenn wir dann einen lächelnden Partner haben. Einen wie Pater Anselm Grün, der ganz persönliche Antworten anbietet, unbefangen über die Grenzen der Wissenschaft hinausgeht." (Reinhold Beckmann)

Der Autor

Anselm Grün OSB, Dr. theol., geb. 1945, verwaltet als Cellerar die Benediktinerabtei Münsterschwarzach und ist darüber hinaus als geistlicher Berater und als Kursleiter tätig. Er ist der erfolgreichste spirituelle Autor der Gegenwart. Bei Herder spektrum u. a.: „Das kleine Buch vom wahren Glück", „Das kleine Buch der Engel", „Zur inneren Balance finden", „50 Rituale für das Leben". Für eine breite Leserschaft gibt er zu Themen der Lebenskunst und Spiritualität den periodischen „Einfach-Leben-Brief" heraus (www.einfachlebenbrief.de).

Anselm Grün

Das Buch der Antworten

Zu den großen Fragen des Lebens

FREIBURG · BASEL · WIEN

Titel der Originalausgabe: Anselm Grüns Buch der Antworten
© Verlag Herder GmbH, Freiburg im Breisgau 2007
ISBN 978-3-451-29630-7

2. Auflage 2011

© Verlag Herder GmbH, Freiburg im Breisgau 2010
Alle Rechte vorbehalten
www.herder.de

Umschlagkonzeption und -gestaltung:
Agentur R·M·E Eschlbeck / Hanel / Gober
Umschlagfoto: © plainpicture
Satz: Dtp-Satzservice Peter Huber, Freiburg
Herstellung: fgb · freiburger graphische betriebe
www.fgb.de

Gedruckt auf umweltfreundlichem, chlorfrei gebleichtem Papier
Printed in Germany

ISBN 978-3-451-06265-0

„Wer wir waren, was wir geworden sind, wo wir waren,
wohin wir geworfen wurden, wohin wir eilen,
wovon wir erlöst werden,
was Geburt und was Wiedergeburt ist."

(KLEMENS VON ALEXANDRIEN, EXCERPTA EX THEODOTO)

„Wer sind wir? Woher kommen wir? Wohin gehen wir?
Was erwarten wir? Was erwartet uns?
Viele fühlen sich nur als verwirrt. Der Boden wankt,
sie wissen nicht warum und von was.
Dieser ihr Zustand ist Angst, wird er bestimmter,
so ist er Furcht."

(ERNST BLOCH, PRINZIP HOFFNUNG)

INHALT

VORWORT

Nicht nur Theologen kennen den Vorwurf, sie würden Antworten geben, ohne zu wissen, was die wirklichen Probleme des Menschen sind. Aber sie trifft der Verdacht besonders hart, sie würden auf etwas antworten, was die Menschen gar nicht mehr interessiert. Zugespitzt kommt das in der Reaktion auf den Slogan evangelikaler Christen zum Ausdruck, dass Jesus die Antwort auf alle Fragen ist: „Jesus ist die Antwort. Aber was war gleich wieder die Frage?"

Wer immer nur Antworten bekommt auf Fragen, die er gar nicht gestellt hat, wird bald weghören. Und nur wer die richtigen Fragen stellt, kann Antworten finden, die ihm selber weiter helfen. In einer Diskussion erleben wir es immer wieder, wie der, der die besten Fragen stellt, das Gespräch voranbringt und auch am meisten zur Lösung eines Problems beiträgt.

Die Antwort hängt immer von der Frage ab, und am Anfang allen Denkens steht das Wissen wollen, die Neugier, stehen die Fragen. Die Philosophen sehen darin die Hebammenkunst der Wahrheitsfindung. Sokrates zum Beispiel praktiziert seine Philosophie, indem er immer wieder nur nachfragt, was die Menschen wirklich wollen und denken und wie sie ihr Leben verstehen. Und Martin Heidegger hat in unserer Zeit das ganze menschliche Dasein sogar von diesem Impuls her definiert: Menschliches Dasein kann – und es muss – fragen. Zentral für den Philosophen ist die

Frage nach dem Sinn des Seins schlechthin. Der Mensch muss sich diese Frage nach dem Sinn des Seins stellen. Erst dann kann er nach dem Sinn einzelner Dinge fragen, nach dem Sinn des Seienden, wie Heidegger es formuliert. Der Theologe Karl Rahner hat die Sicht seines philosophischen Lehrers Heidegger übernommen. Er formuliert es so: „Der Mensch fragt notwendig." Die philosophische Anthropologie sieht also die Sonderstellung des Menschen gerade darin, dass er ein fragendes Wesen ist und dass ihm alles, was ihm begegnet, zunächst einmal als fraglich erscheint.

Nicht nur die großen Denker von der Antike bis zur Gegenwart stellen sich Fragen nach dem Sinn des Ganzen. Jeder nachdenkliche Mensch stellt sie immer wieder, bis heute: „Wer sind wir? Woher kommen wir? Wohin gehen wir? Was erwarten wir? Was erwartet uns?" Alle diese Fragen stellen uns in eine Beziehung – zu uns selber, zu anderen, zu Gott. Und nur wenn wir auf sie eine Antwort suchen, werden sich uns diese Beziehungen und der Sinn, der sich darin auftun kann, immer neu erschließen.

Es sind keine fiktiven Fragen, auf die ich in diesem Buch eingehe. Wenn ich einen Vortrag halte, gebe ich immer auch Gelegenheit zum Gespräch. Manchmal kommen wenige, manchmal aber viele und sehr zentrale Fragen. Da spüre ich, was die Menschen bewegt. Bestimmte Fragen werden mir immer wieder gestellt. Oft ganz direkt, manchmal verstecken sie sich aber auch hinter scheinbar ganz anderen Problemen. Es sind Fragen ganz normaler Menschen, und doch sind es die „Königsfragen" – zu allen großen Themen des Lebens. Es sind Fragen, auf die keine noch so spezialisierte Wissenschaft eine fachlich gesicherte Antwort weiß. Trotzdem bewegen sie uns, lassen uns nicht los. Diese Fragen kommen von jungen Menschen, von Menschen in allen

Lebenssituationen. So hoffe ich, dass ich mit meinen Antworten in diesem Buch auch die Fragen möglichst vieler Leser und Leserinnen treffe.

Weil es nicht um Wissensfragen und auch nicht um objektiv überprüfbare Antworten geht, ist meine eigene Antwort immer subjektiv, ausgehend von eigener Lebenserfahrung. Und ich gebe sie natürlich auf dem Hintergrund der Theologie, wie ich sie selbst studiert habe. Aber ich versuche immer auch, mir selbst eine befriedigende Antwort zu geben, eine Antwort, die ich selbst verstehe und die ich vor mir, vor meinem Verstand und vor meinem Glauben verantworten kann.

Die Fragen, mit denen ich konfrontiert werde, regen mich selber zum Denken an. Ich kenne die Antwort nicht im voraus. Aber indem ich versuche, darauf einzugehen und zu antworten, wird mein eigenes Nachdenken herausgefordert. Und manchmal darf ich dankbar erfahren, dass in mir Antworten entstehen, die ich selbst vorher nicht gewusst habe, die also von den Fragenden hervorgelockt wurden.

Die Antworten, die ich auf die Fragen dieses Buches gebe, mögen Sie, liebe Leserin, lieber Leser, anregen, selbst nachzudenken und selbst nach Antworten zu suchen, die Sie sich selbst geben würden auf Ihre tiefsten Fragen. Vielleicht rufen die Fragen oder die Antworten in diesem Buch in Ihnen auch neue Fragen hervor. Gerade das sind dann möglicherweise Fragen, die für Sie selber zentral sind und von deren Beantwortung das Gelingen Ihres Lebens abhängt. Trauen Sie solchen Fragen, die in Ihnen aufsteigen. Versuchen Sie, auf dem Hintergrund der im Buch vorgelegten Fragen, sich selber zu antworten, im Vertrauen, dass der Heilige Geist in Ihnen wirkt und Ihnen eingibt, was Ihre eigenen Fragen und Zweifel zur Ruhe bringen kann.

Wonach sehne ich mich?
Wie finde ich das Glück?

● ● ● ● ● ● ● ●

Glück heißt: gelingendes Leben. Darüber ist leichter Einigkeit zu erzielen als über die Frage, ob oder wie dauerhaftes Glück möglich ist. Ist alles nur eine Frage des Lebensstils? Eine Frage der Einstellung? Oder der Umstände – wie manche meinen? „Die Absicht, dass der Mensch glücklich sei, ist im Plan der Schöpfung nicht enthalten", hat der Begründer der Psychoanalyse Sigmund Freud behauptet. Aber es gibt ein gelingendes Leben wirklich. Das ist meine Erfahrung. Und es ist nicht nur meine, sondern die Erfahrung vieler Menschen. Glück heißt auch: mit sich selbst im Reinen sein, einverstanden sein mit sich und seinem Leben. Auch diese Erfahrung gibt es. Aber es stimmt ebenso, dass das absolute Glück uns Menschen verwehrt ist. Was wir erleben, ist immer nur ein relatives Glück. Das absolute Glück, so sagen es die Theologen in ihrer Sprache, wird uns erst nach dem Tod im Himmel erwarten. In unserem Alltag ist das Glück immer auch angefochten und gefährdet. Vor allem können wir es nie besitzen im Sinne von „festhalten". Nur manchmal dürfen wir den Zustand absoluten Glücks erleben. In solchen Momenten sind wir ganz eins mit uns selbst und mit allen Menschen, mit der Welt und mit dem letzten Grund der Wirklichkeit. In dem Augenblick, in dem wir diese Erfahrung machen, fehlt nichts. Doch im nächsten Augenblick fühlen wir uns möglicherweise schon wieder zerrissen. Etwas geht schief in unserem Leben. Und schon fühlen wir uns nicht mehr so glücklich. Trotzdem: Wer Glück erfahren hat, wird dadurch auch gestärkt. Und jemand, der normalerweise mit sich im Reinen ist, wird Kritik von außen oder ein Missgeschick oder einen

Schicksalsschlag anders verkraften als einer, der mit sich immer unzufrieden ist. Aber auch er wird nicht im Zustand seliger Harmonie bleiben, wenn ihm zum Beispiel ein lieber Mensch im Tod entrissen wird. Von einem solchen Schicksalsschlag wird auch er erst einmal aufgewühlt. Er wird sich todunglücklich fühlen. Aber wenn er sich diesen Gefühlen nicht versperrt und sich der Trauer stellt, wird er trotz allem, auch wenn er das Auf und Ab des Daseins erlebt, doch eine Grundmelodie des Glücks in sich verspüren. Manchmal wird sie übertönt von anderen Melodien. Es werden sich Dissonanzen einstellen, die die Harmonien überlagern. Aber in der Stille können wir wieder in Berührung kommen mit dieser Grundmelodie des Glücks in unserem Herzen. Und wir können in der Hoffnung leben, dass diese Grundmelodie des Glücks mehr und mehr alle Bereiche unseres Leibes und unserer Seele durchdringt.

Obwohl es ein intuitives Verständnis von Glück gibt – was Glück eigentlich und in einem tieferen Sinn ist, diese Frage hat die Denker zu allen Zeiten bewegt. Es hat zur Unterscheidung geführt zwischen einem Verständnis von Glück als unberechenbarem Zufall und dem Verständnis von Glück, das der tiefsten inneren Bestimmung des Menschen entspricht. Wir unterscheiden auch zwischen einem Wohlfühl-Glück, das man empfindet, wenn von außen her alles gut läuft, wenn man anerkannt wird und Erfolg hat und einem Glück, das von innen her kommt. Es bedeutet, dass der Mensch mit sich im Einklang ist. Ob das der Fall ist, das ist nicht einfach „gegeben", es hängt immer auch davon ab, ob ich an mir selbst arbeite und ob ich mich dafür entscheide, mich selbst bedingungslos anzunehmen und mich zu verabschieden von Illusionen, denen ich bisher nachgejagt bin. Dieses zweite Glück ist Ausdruck einer Lebenseinstellung, zu der ich mich selbst entscheiden muss und die mir nicht immer leicht fallen wird.

Die stoische Philosophie sieht das vollkommene Glück des Menschen darin, dass er sich ganz und gar dem Willen Gottes unterwirft. Für Epiktet, einen wichtigen Vertreter der stoischen Philosophie, der auch viele spätere Denker beeinflusst hat, muss der Mensch lernen, jede Sache zu wollen, die sich ereignet. Er schreibt: „Strebe nicht danach, dass die Ereignisse eintreten, wie du es wünschest, sondern wünsche die Ereignisse so, wie sie eintreten, und du wirst ein glückliches Leben führen." Und an einer anderen Stelle: „Erhebe endlich dein Haupt, wie ein Mensch, der von der Knechtschaft befreit ist; wage es, deinen Blick zu Gott zu erheben und ihm zu sagen: Verfahre mit mir von nun an nach deinem Belieben; meine Gedanken gehören Dir. Ich gehöre Dir. Ich weise nichts von dem zurück, was Dir gut scheint; führe mich, wohin Du willst; bekleide mich mit dem Gewand, das Dir gefällt." Das klingt sehr schön. Doch wohl nur wenige Menschen werden zu solcher Haltung unmittelbar fähig sein. Die christlichen Autoren, die Epiktet folgen, sprechen davon, dass der Mensch glücklich wird, der sich ganz in Gott hinein ergibt, der eins wird mit Seinem Willen und der in allem, was ihm geschieht, Gottes Liebe erkennt. Aber auch das ist nicht einfach zu haben. Es ist Ziel des geistlichen Weges. Und ein Weg hat immer auch etwas Prozesshaftes. Er ist zudem nicht immer nur durch die leichteste und schnellste Strecke definiert. Aktive Elemente des Sichbemühens und des Übens können sich also durchaus mit diesem Element des Sich-Hineinergebens verbinden. Und nur wenige werden von sich behaupten können, dass sie bereits und in jedem Fall ganz und gar einverstanden sind mit dem, was Gott ihnen zumutet, und daher glücklich, ganz gleich, was von außen geschieht.

Soll ich mein Glück suchen? Oder wie findet es mich?

* * * * * * * *

Wir sind durchaus fähig, an unserem Glück zu arbeiten. Normalerweise wird es uns nicht einfach in den Schoß gelegt, aber natürlich gibt es das, dass uns etwas Glückliches zufällt. Die Griechen nennen das „eutyche". Das heißt: Das Schicksal meint es gut mit mir und ich gewinne z. B. im Lotto. Aber diese Form von Glück ist für die Griechen nur die minderwertigste. Das eigentliche Glück besteht in der „eudamonia", in der guten Beziehung zu seinem „daimon", zum inneren Seelenbegleiter, zum göttlichen Kern, den jeder in sich trägt. Und an dieser guten Beziehung kann man arbeiten. Durch Kontemplation kommt man in Berührung mit seiner Seele, also mit der Wirklichkeitsebene, in der Gott seine Spur im Menschen hinterlassen hat.

Glück ist Ausdruck von erfülltem Leben. Am Glück arbeiten, das heißt also einmal: bewusst zu leben, mit allen Sinnen zu leben, die Kraft, die in mir liegt, auch einzusetzen und mich einer Aufgabe oder einem Menschen hinzugeben. Aber man kann das Glück nicht in dem Sinn machen, dass man etwa joggt, um auf diese Weise Glückshormone auszuschütten, die im Gehirn positive Emotionen auslösen. Dieses Glück ist nur ein momentanes Gefühl, das nicht trägt. Es gibt keine schnellen Methoden, sich glücklich zu machen. Glück, das von Dauer sein soll, verlangt eine innere Haltung. Erasmus von Rotterdam nennt den Kern des Glücks: „der sein zu wollen, der du bist". Das ist keine leichte Vorgabe, das verlangt innere Arbeit. Das heißt: Ich muss Abschied nehmen von den Illusionen, die ich mir von mir gemacht habe, von der Illusion, perfekt zu sein, der

Größte, der Intelligenteste, der Erfolgreichste zu sein. Es heißt aber auch: Ich söhne mich nicht nur mühsam aus mit dem, was ich bin. Vielmehr sage ich bewusst „Ja" zu mir. Ich will der sein, der ich bin. Ich bin einverstanden mit mir und meinem Leben. Ich möchte gar kein anderer sein. Ich höre daher auf, mich mit anderen zu vergleichen und auf andere neidisch zu sein, die mehr haben als ich. Ich bin ich selbst. Und ich will mit ganzem Herzen der sein, der ich bin. Das verlangt eine Änderung der Einstellung. Dies ist kein einfacher und schnell wirkender Trick. Einsicht in die Notwendigkeit der eigenen Einstellung kostet durchaus Mühe, denn sie kränkt unser grandioses Selbstwertgefühl und unsere narzisstischen Vorstellungen vom Leben.

Heute gibt es viele Berater, die gegen teures Geld Kurse oder Einzelbegleitung anbieten, um die Menschen glücklicher zu machen. Der große Zulauf sagt etwas über die Hoffnungen und über das Hilfebedürfnis der Menschen aus. Doch der beste Coach kann mir kein Erfolgsrezept zum Glücklich-werden anbieten. Der Weg zum Glück liegt immer in mir. Und wenn ich nicht bereit bin, mich von manchen Illusionen zu verabschieden, – eben: dass mein Leben perfekt ist, dass ich der beste bin und dass mir alles glückt, – dann werden mir die vielen Kurse, die mir das Glück versprechen, nicht weiter helfen. Der Weg zum Glück liegt in mir. Nur der Begleiter, der mich unterstützt, dass ich in Einklang komme mit meinem eigenen Wesen, kann eine Hilfe sein auf dem Weg zum Ziel. Aber er kann mir das Glück nicht garantieren.

Es liegt immer in meiner Entscheidung, ob ich glücklich bin. Und dazu gehört letztlich auch ein Stück Demut, die Bereitschaft, mich mit meiner Begrenztheit auszusöhnen. Allzu große Sprüche, wie sich das Glück anfühlt, führen nur in die Enttäuschung oder in die kurzfristige Euphorie, die aber schnell der Ernüchterung weichen wird.

Wir können das Glück durchaus bewusst und aktiv suchen. Jede Philosophie war letztlich Suche nach dem Glück. Die Philosophen haben ja auch immer wieder Wege aufgezeigt, wie wir das Glück finden können. Aber diese Wege fordern uns als Menschen ganz und gar heraus. Notwendig ist beides: Es braucht die Anstrengung des Denkens, was wirkliches Glück ist. Und es braucht den Übungsweg, der immer über die Begegnung mit der eigenen Wahrheit geht, um uns – nicht immer, aber immer öfter – glücklich fühlen zu können.

Manche Menschen meinen, sie hätten das Glück gar nicht gesucht, es habe sie vielmehr gefunden. Das ist durchaus möglich. Aber auch das braucht eine bestimmte innere Einstellung, die Einstellung der Offenheit und der Dankbarkeit. Wenn ich das, was mir von außen begegnet, dankbar annehme, dann wird das Glück mich oft finden, auch wenn ich es gar nicht gesucht habe oder ihm gar ständig hinterhergejagt bin. Aber weil ich in der Haltung der Dankbarkeit lebe, bin ich überhaupt erst fähig, das Glück, das mich sucht, wahrzunehmen, es dankbar zu genießen und innere Zufriedenheit zu finden.

● ● ● ● ● ● ● ●

Wir gebrauchen den Begriff der Zufriedenheit auf verschiedene Weise. Wir nennen einen Menschen zufrieden, wenn er mit sich im Frieden ist. Dieser Zustand gleicht dem Glück: Ich bin einverstanden mit mir, im Frieden mit mir und mit all dem Gegensätzlichen in mir. Diese Art von Zufriedenheit hängt eng mit der Dankbarkeit zusammen. Ich bin dankbar für das, was ich habe und was ich bin. Ich bin im Einklang mit dem, der mich so geschaffen hat, wie ich bin. Und ich bin ihm dankbar für das, was er mir in meinem Leben zugemutet und zugetraut hat.

Aber Zufriedenheit kann auch eine Haltung sein, in der ich mich zu schnell zufriedengebe. Dann ist es die Haltung des Sattseins, des selbstzufriedenen Menschen, der nichts mehr an sich heranlässt. Das führt dann zur Erstarrung des Menschen. Solche selbstzufriedenen Menschen schotten sich gegen jede Kritik ab. Wir haben den Eindruck, dass solche Menschen alles besser wissen. Sie können sich für nichts begeistern und lassen sich durch nichts in Frage stellen.

Und es gibt schließlich auch Menschen, die sich zufriedengeben mit dem Erreichten, weil sie keinen Mut haben, weiter zu gehen und der eigenen Berufung oder Kraft zu trauen. Das wäre dann Resignation, die uns nicht glücklich macht, sondern eher nach unten zieht. Das wäre gleichzusetzen mit dem „wunschlosen Unglück". Peter Handke hat diese Haltung an seiner Mutter, die sich in ihr seelisches Elend fast fatalistisch ergeben hat, beschrieben. Menschen, die in einer solchen Resignation leben, ohne Sehnsucht und ohne den Drang zur Veränderung, schränken sich auf die kleine Wirklichkeit ein, die sie kennen. Sie haben das Staunen und die Hoffnung verlernt. Und sie sind daher nicht offen für das Große, das Gott dem Menschen zutraut – auch in Zeiten, die, von außen gesehen, gerade nicht sehr strahlend und „rosig" scheinen.

Kann man auch glücklich werden, wenn einem das Leben Schlimmes zumutet?

• • • • • • • •

Jesus hat uns in den acht Seligpreisungen einen achtfachen Weg zum wahren Glück aufgezeigt. Er spricht die Glückseligkeit Menschen zu, die trauern, die Verfolgung leiden, die arm sind, die Unrecht erdulden müssen. Der Weg zum wahren Glück geht also nicht an den negativen Erfahrungen unseres Lebens vorbei. Jesus überblickt vielmehr auf dem Berg der Seligpreisungen unser Leben, so wie es ist, und weist uns einen Weg, wie wir in der Realität unserer oft genug bedrohlichen Welt dennoch glücklich werden können. Ich möchte nur zwei Seligpreisungen herausgreifen, die das veranschaulichen. In der zweiten Seligpreisung verheißt Jesus denen, die trauern, wahres Glück. Das Leben ist nicht immer nur Erfolg und äußeres Glück. Wir verlieren liebe Menschen. Und wir verpassen manche Chancen. Wer die Verlusterfahrungen seines Lebens nicht betrauert, der erstarrt innerlich. Wahre Freude empfindet nur der, der auch die Trauer zulässt. Wer alle negativen Gefühle verdrängt, der wird auch abgeschnitten von der Freude.

Das gilt auch für die Beziehung zu uns selbst, die für den Weg zum Glück so wichtig ist: Auch wenn einer seine Defizite und Schwächen anerkennt und sie also in diesem Sinn betrauert, dann erfährt er darin den Beistand Gottes. Gott steht ihm bei, dass er durch das Defizit hindurch in Berührung kommt mit seinem eigentlichen Wesen: Das, was ich nicht leben kann, wird durch das Betrauern herbeigerufen. Es kommt von einer anderen Seite her neu auf mich zu.

Noch einen anderen Weg hat uns Gregor von Nyssa, der griechische Mystiker des 4. Jahrhunderts, gewiesen. Er deutet die Seligpreisung Jesu derer, die um der Gerechtigkeit willen verfolgt werden, vom Bild des sportlichen Wettkampfes aus. Wenn ich mit andern Sportlern laufe, verfolgen sie mich, um mich schneller zum Ziel zu treiben. Das Geheimnis des Lebens – so meint Gregor – liege nun darin, dass uns auch Feindliches und Böses, also Krankheit, Not, Tod, Hass und Feindschaft von außen, letztlich nicht schaden können, wenn wir sie im Licht dieser achten Seligpreisung verstehen. Auch eine Krankheit kann uns antreiben, auf Gott, unser eigentliches Ziel hin, zu laufen. Auch die Verfolgung durch böse Menschen kann uns nicht vom wahren Glück abhalten, das uns am Ziel unseres Laufes erwartet. Das ist keine Vertröstung auf später. Vielmehr zeigt uns diese Seligpreisung einen Weg, wie wir in der Realität einer Welt, die uns bedroht und verfolgt, trotzdem unser Glück finden können. Wer von Glück redet, redet also nicht von Spaß und oberflächlichem Vergnügen. Es ist kein billiges und schnelles Glück, in dem wir nur um uns kreisen und alles Negative der Welt ausklammern, sondern ein Glück, das in der Wirklichkeit, so wie wir sie vorfinden, möglich ist.

● ● ● ● ● ● ●

Die Religion will dem Menschen Wege zeigen, wie er auf Dauer glücklich sein kann. Und sie geht davon aus, dass der Mensch nur glücklich wird, wenn er seinem Wesen gemäß und im Einklang mit Gott lebt. Manche neigen zum schnellen Genuss. Aber vieles, was kurzfristig Spaß macht, kann auf Dauer auch Freude und Spaß verderben. Man kann sich auch unter Druck setzen, immer Spaß haben zu müssen.

Das deutsche Wort „Spaß" kommt ja vom italienischen „spasso" und meint ursprünglich: Zerstreuung, Zeitvertreib, Vergnügen. Spaß ist etwas anderes als Freude. Freude weitet das menschliche Herz und tut ihm gut. Spaß zerstreut und hat daher auf Dauer keine heilende Funktion. Die Frage ist doch, wie der Mensch zur wahren Freude finden kann. Und genau das ist das Thema vieler Religionen.

Zwar gibt es in allen Religionen immer auch Tendenzen, die Lust und Sexualität als etwas Negatives sehen. Doch das entspricht sicher nicht dem Wesen der jüdischen und christlichen Spiritualität. Das Alte Testament besingt die Lust im sexuellen Einswerden zwischen Mann und Frau als das größte Geschenk, das Gott dem Menschen gewährt hat. Die frühe Kirche hat diese lustbetonte Spiritualität übernommen. Aber es gab den Einfluss der leibfeindlichen manichäischen Richtung, der manche christliche Einsicht verdunkelt hat. Es ist wichtig, dass wir die positive Würdigung der Lust, der Freude, des Glücks wieder sehen, die uns die Bibel anbietet. Allerdings weiß die Bibel auch, dass unsere Beziehung zur Lust und zur Sexualität immer auch brüchig ist. Die Sexualität kann den Menschen verzaubern, sie kann aber auch verletzen. Und Menschen leiden heute daran, nicht weil die Kirche sie ihnen verbietet, sondern weil sie gerade auch in der Sexualität tiefe Verletzungen erfahren. Daher will die gesunde Spiritualität das Leben so schildern, wie es ist. Sie will nicht das Leiden in den Mittelpunkt stellen. Aber sie klammert es auch nicht aus. Denn nur wenn wir unsere Sehnsucht nach Lust und Glück auf dem Hintergrund unserer oft auch brüchigen Existenz sehen, finden wir den Weg zum wahren Glück, ohne die Augen zu verschließen vor dem, was wahres Glück immer schon bedroht.

Das Christentum spricht von der unzerstörbaren Freude, die auch durch Widerwärtigkeiten nicht aufgelöst werden kann. Johannes Chrysostomus, ein Kirchenvater aus dem 4. Jahrhundert fragt in einer Predigt, wie es möglich sei, sich beständig zu freuen. Er zählt viele Dinge auf, die uns an der Freude hindern, wie der Verlust lieber Menschen, der Verlust der eigenen Ehre oder der Gesundheit. Und dann zeigt er uns den Weg zu der beständigen Freude: „Wer sich im Herrn freut, kann durch keinen Zufall um diese Freude gebracht werden. Alles andere, worüber wir uns freuen, ist veränderlich, flüchtig und unterliegt leicht einem Wechsel."

Die Weisen in allen Religionen haben in der Reflexion ihres eigenen Lebens Wege entwickelt, wie das Leben gelingen kann. Übereinstimmung besteht – über alle kulturellen und zeitlichen Grenzen hinweg – darin: Askese und Glück sind keine Gegensätze. Wir sollen nicht verzichten, weil uns die Religion oder irgendein Gesetz etwas nicht gönnt, sondern weil wir auf Dauer glücklich sein wollen. Hildegard von Bingen sagt einmal von der Disziplin, sie sei die Kunst, sich immer freuen zu können. Wenn wir ein Stück Torte essen, können wir uns daran freuen. Wenn wir das fünfte Stück in uns hineinschlingen, dann ist das nicht mehr mit Lust verbunden, sondern eher mit einem schlechten Gewissen und mit der Enttäuschung, dass wir uns nicht beherrschen können und mit dem Wissen, dass unser Magen dagegen rebellieren wird.

Glaube und Vernunft sollten miteinander in Verbindung stehen. Das gilt nicht nur für die intellektuelle Ausgestaltung von Religion, sondern auch für die Lebenspraxis und die Moralverkündigung. Und wenn es in der Geschichte des Christentums viele Forderungen gegeben hat, die man im Namen der Religion gestellt hat, die aber eher einem frustrierten und unglücklichen Herzen entsprungen sind, dann braucht es eben immer wieder diese Vernunft, um zu beurteilen, ob die Forderungen wirklich dem langfristigen Glück des Menschen dienen oder ob sie ihm das Glück nicht gönnen.

Das Glück, das mir ein Mensch schenkt, das Glück, das ich durch das Gelingen des Lebens erfahre, ein glückliches Erlebnis durch die Erfahrung der Schönheit in der Kunst oder in der Schöpfung, all das hat immer auch eine größeren Horizont. In all dem beschenkt mich letztlich Gott. Und in all dem Glück liegt die Verheißung eines unzerstörbaren und bleibenden Glücks. Und nur wenn die Glückserfahrungen im Licht dieser Verheißung gemacht werden, kann ich sie ganz und gar genießen, ohne Angst haben zu müssen, dass sie mir genommen werden. Das vordergründige Glück kann vorübergehen. Doch die Verheißung, die ich in ihm wahrnehme, vergeht nicht. Sie wird erfüllt werden. Ein Grund für Dankbarkeit – jetzt schon.

Was bringt Dankbarkeit als Lebenshaltung –
wenn es doch so viel Schlechtes gibt?

• • • • • • • •

Dankbarkeit kommt von denken. Wer denkt, der erkennt, wie er täglich für vieles dankbar sein kann. Er sieht auf die vielen kleinen Geschenke, die ihn im Alltag erreichen: Das Geschenk eines freundlichen Blicks, einer guten Begegnung, eines Wortes, das ihn aufrichtet und berührt. Der römische Philosoph Cicero hat die Undankbarkeit als Vergessen bezeichnet. Für ihn ist die Dankbarkeit die wichtigste Haltung des Menschen. Sie ist die Voraussetzung für die „concordia", für die Eintracht unter den Menschen und für das Zusammenklingen der Herzen. Das Fehlen der Dankbarkeit bedroht für ihn die „Humanitas", die Menschlichkeit. Daher haben viele Denker die Undankbarkeit als eine der elementarsten Sünden bezeichnet. Der Talmud sagt, Undank sei schlimmer als Diebstahl. Und Johann Wolfgang von Goethe meint: „Der Undank ist immer eine Art Schwäche. Ich habe nie gesehen, dass tüchtige Menschen wären undankbar gewesen."

Gerade wenn wir uns auf unser eigenes Selbst besinnen, erkennen wir: Keiner ist eine Insel. Dankbarkeit macht den Menschen aus, weil wir uns in dieser Haltung unserer existentiellen Bezogenheit bewusst werden, die Verbundenheit mit anderen spüren und anerkennen, dass wir nicht allein leben. Das gilt für unsere Beziehung zu anderen Menschen, auf die wir verwiesen sind und ohne die wir gar nicht leben könnten. Es gilt aber auch für unsere Beziehung zu Gott, der der tiefste Grund für unser Dasein ist. Dankbarkeit sei das tiefste Gebet, hat der Benediktinermönch David Steindl-Rast einmal gesagt.

Der Undankbare ist nicht wirklich Mensch, schon deswegen, weil er wichtige positive Möglichkeiten gar nicht wahrnehmen und leben kann. Cicero ist überzeugt: Nur dankbare Menschen können Freundschaft eingehen und miteinander Gemeinschaft leben. Undankbare Menschen sind unangenehme Menschen. Mit ihnen möchte man am liebsten nichts zu tun haben. In der Nähe undankbarer Menschen fühlt man sich unwohl. Man hat das Gefühl, dass man es ihnen nie recht machen kann. So hält man sich von ihnen fern. Denn von ihnen geht eine negative und destruktive Stimmung aus. Der Undankbare zerstört das Zusammenklingen der Herzen. Er vermag nicht zu feiern und ist letztlich unfähig zur Freude. Undankbaren Menschen kann man keine Freude machen. Sie sind unersättlich und nie zufrieden. Mit gedankenlosen Menschen lässt sich nicht gut auskommen. Wer nicht denken kann oder will, der lebt nicht wirklich. Dankbarkeit gibt dem Leben einen wunderbaren Geschmack.

Die Dankbarkeit verwandelt mein Leben. „Wer anfängt zu danken, beginnt das Leben mit neuen Augen zu sehen." (Irmela Hofmann) Albert Schweitzer gibt den Rat: „Wenn du dich schwach und matt und unglücklich fühlst, fang an zu danken, damit es besser mit dir werde." Wenn ich mein Leben mit Dankbarkeit anschaue, wird sich das Dunkle erhellen und das Bittere wird einen angenehmen Geschmack bekommen. Die Dankbarkeit bewahrt mich vor Kleinmut und Verbitterung und bringt mich Gott näher. Von dem Heiligen Philipp Neri wird berichtet, dass er folgendes Abendgebet sprach: „Herr, ich danke Dir, dass heute die Dinge nicht so gelaufen sind, wie ich wollte, sondern wie Du wolltest." Wer mit einer solchen Haltung der Akzeptanz – die Humor und eine Relativierung der Ich-Perspektive zugleich ist – auf den vergangenen Tag schaut, der ärgert sich nicht, und der gerät nicht in die Versuchung der Selbstzufriedenheit, sondern für den wird alles zu einer Quelle der Freude und des Friedens.

Zwei Missverständnisse sollten erwähnt werden. Zunächst: Dankbarkeit ist nichts, was man als Pflicht von anderen einfordern kann. Und: Dankbarkeit heißt nicht, dass ich für das Schlechte in der Welt danke. Das Schlechte sollen wir sehen, wie es ist. Wir dürfen ihm keine Macht über uns geben. Und oft genug müssen wir es auch bekämpfen. Die Dankbarkeit übersieht das Schlechte nicht. Aber sie ist auch nicht darauf fixiert, sie sieht in dieser oft genug unvollkommenen Welt doch das Gute, das uns täglich begegnet. Sie sieht das Ganze der Wirklichkeit und weitet unsere Wahrnehmung. Und so eröffnet uns der Blick der Dankbarkeit die Augen für das Geschenk, das das Leben in sich schon ist. Wir sind dankbar, dass wir jeden Tag gesund aufstehen dürfen, dass wir atmen, dass wir ganz wir selbst sind, dass wir Menschen begegnen, die uns achten. Das höchste Glück freilich ist, dass wir selber, als Menschen, mit Gott eins werden dürfen und uns in seiner Liebe finden können.

Warum nach Liebe streben – wenn sie doch oft so
chaotisch und schmerzhaft ist?

● ● ● ● ● ● ●

Jeder Mensch sehnt sich danach zu lieben und geliebt
zu werden. Diese Sehnsucht ist so tief im menschlichen
Herzen verankert, dass wir sie nicht aus uns herausreißen
können. Wenn wir verliebt sind, fühlen wir uns wie ver-
zaubert. Die Liebe hat nicht nur zu tiefen menschlichen
Freundschaften und zu gelingenden Ehen geführt, sondern
auch wunderbare Kunstwerke in Dichtung, Musik und Ma-
lerei hervorgebracht. Ohne die Liebe wäre das Leben wesentlich ärmer. Natürlich machen wir auch die Erfahrung,
dass die Liebe uns zwischen den Fingern zerrinnen kann
und dass wir nirgendwo so tief verletzt werden wie gerade
in der Liebe. Aber all das spricht nicht gegen die Liebe.
Wenn wir nach der Liebe fragen, geht es um etwas anderes:
Es geht um die Frage, wie es gelingen kann, auf Dauer zu
lieben und so zu lieben, dass es nicht in Chaos und Verletzung endet. Damit die Liebe auf Dauer gelingt, darf ich sie
nicht mit dem Gefühl verwechseln. Liebe ist nicht ewiges
Verliebtsein. Das Verliebtsein muss sich wandeln zu einer
Liebe, die den anderen so annimmt, wie er ist. Oft stülpen
wir dem andern unsere eigenen Bilder und Wünsche über
und lieben dann mehr das Bild, das wir uns vom andern gemacht haben, als ihn so, wie er in Wirklichkeit ist. Den andern so lieben, wie er ist, das ist nicht leicht. Es verlangt,
Abschied zu nehmen von allen Illusionen, die ich mir über
ihn gemacht habe. Und es verlangt auch den Abschied von
der Illusion, dass Liebe immer ein wunderbares Gefühl
ist. Oft ist sie einfach Treue zum andern. Das ist mehr als
ihn nur zu ertragen. Sie bedeutet: Ja sagen zu ihm in sei-

ner Durchschnittlichkeit und Banalität. Und Liebe ist nicht dauerndes Glück. Es gibt keine Liebe ohne Schmerz. In der Liebe öffne ich mich dem andern und werde dadurch verletzlich. Ohne diese Offenheit wäre Liebe nicht möglich. In der Liebe zueinander lernen wir uns mit all den Verletzungen kennen, die wir im Leben erfahren haben. Liebe kann verletzen. Und Liebe vermag diese Verletzungen auch zu heilen.

Aber wenn die Liebe die Verletzung in uns aufdeckt, meinen wir nicht selten, der andere würde uns verletzen. Und wir zahlen es ihm heim, indem wir ihn auch kränken. So entsteht ein Teufelskreis der gegenseitigen Verletzungen, die die Liebe nicht vertiefen, sondern zerstören. Wer sich auf den Weg der Liebe einlässt, muss wissen, dass es ein Weg in die Wahrheit ist, ein Weg, auf dem ich meine eigene Wahrheit entdecke und die des andern. Die Erkenntnis der Wahrheit ist das wirklich Schmerzliche. Aber die Liebe ist auch die Chance, diese Verletzung zu heilen. Wenn ich mich selbst mit meinen Wunden annehme und den andern wegen seiner Verwundungen nicht verurteile, sondern ihn gerade so liebe, wie er ist, dann vermag die Liebe meine und seine Wunden zu heilen.

Ist Gottesliebe und die Liebe zwischen Menschen das Gleiche?

• • • • • • • •

Die Liebe zu Gott und zu den Menschen spricht in uns die gleichen Gefühle an. Aber dennoch gibt es Unterschiede. Die Griechen haben nicht nur das eine Wort für Liebe, sondern drei Begriffe, die uns die Beziehung zwischen Gottesliebe und Liebe zum Menschen besser begreifen lassen.

Da ist *eros*, das ist die begehrliche Liebe. Wir fühlen uns vom anderen angezogen. Die Griechen stellen sich den Eros als einen jungen Mann mit Pfeilen vor, der seine Liebespfeile verschießt. Wer vom Pfeil des Eros getroffen ist, der ist unsterblich verliebt in diesen Menschen. Er will ihn unbedingt haben und mit ihm eins werden.

Philia ist die Freundesliebe. Es ist die Liebe, die sich am Sosein des Freundes freut. Sie lässt ihn, wie er ist. Sie steht an seiner Seite. Das Lob der Freundschaft haben die Griechen immer wieder besungen. Freundesliebe war für die Griechen ein hohes Gut.

Und dann gibt es die *agape*. Das ist die Gottesliebe oder auch die reine Liebe zum Menschen. Es ist eine Quelle von Liebe, die einfach strömen möchte. Die Erfahrung, die wir mit der menschlichen Liebe machen, ist immer die von Erfüllung und Enttäuschung. Sowohl die Erfüllung als auch die Enttäuschung verweist uns auf die Quelle einer Liebe, die tiefer ist als das Lieben und Geliebt werden. Auf einmal spüren wir, dass wir nicht nur lieben und geliebt werden, sondern zugleich Liebe *sind*. In uns ist eine Quelle der Liebe, die einfach strömt. Die Liebe durchfließt unsern Leib. Sie strömt zu den Menschen, zur ganzen Schöpfung – zu den Pflanzen und Tieren um uns, zu allem, was uns umgibt. Wir müssen uns nicht zwingen, dass wir den oder jenen lieben. Die Liebe ist einfach da. Von dieser Liebe gilt, was der 1. Johannesbrief sagt: „Gott ist Liebe. Und wer in der Liebe bleibt, der bleibt in Gott, und Gott bleibt in ihm." (1 Joh 4,16) Es ist eine göttliche Liebe. Aber diese Liebe strömt nicht nur zu Gott, sondern auch zum Menschen.

So sehr *eros*, *philia* und *agape* unterschieden sind, so gehören sie auch zusammen. Die *agape* nährt sich aus dem *eros* und der *philia*. Und die begehrliche und freundschaftliche Liebe braucht immer auch etwas von der göttlichen Quelle der unerschöpflichen Liebe, die uns von Gott her zukommt.

Die Liebe zu Gott und zu den Menschen ist kein Gegensatz. Ich muss mich nicht entscheiden, ob ich Gott liebe oder die Menschen. Vielmehr liebe ich Gott nur dann, wenn ich auch die Menschen liebe. Und umgekehrt gilt: wenn ich einen Menschen wirklich liebe, dann erfahre ich darin als Tiefe dieser Liebe auch die Liebe zu Gott, der meine tiefste Sehnsucht nach Liebe allein und für immer zu erfüllen vermag. Es ist eine Erfahrung, die auch dem Alltag neuen Glanz gibt.

Welche Möglichkeiten gibt es, der Banalität und Routine meines Alltags zu entfliehen?

• • • • • • •

Für mich gibt es zwei Wege, der Banalität und Routine des Alltags zu entfliehen.

Der erste Weg besteht darin, zum Bezirk des Alltags auch räumlich eine Distanz einzulegen. Ich kann mich immer wieder zurückziehen in die Stille. Ich kann mich in meine Meditationsecke setzen und still meditieren. Ich kann in eine Kirche gehen, dort einfach still verweilen oder einen Gottesdienst besuchen. Einen solchen anderen Ort aufzusuchen, das ist in einem weiteren Sinn eine neue Qualität. Das sind dann für mich auch heilige Zeiten. Heilig ist das, was der Welt entzogen ist. Die heilige Zeit gehört Gott und sie gehört mir. Da haben die Ansprüche des Alltags keine Macht über mich. Da bestimmen mich die Termine nicht, die Menschen nicht, und auch nicht ihre Erwartungen. Da kann ich aufatmen und ganz ich selber sein. Solche heiligen Ort und heiligen Zeiten sind für mich notwendig, damit ich nicht in der Entfremdung aufgehe, nicht unter den Belastungen untergehe, sondern immer wieder mit meinem wahren Wesen in Berührung komme, das dem Alltag enthoben ist. Dort, wo mein wahres Selbst ist, ist auch Gott in mir. Er ist immer der, der mich befreit von der Routine des Alltags und von der Macht der Menschen.

Der zweite Weg besteht für mich darin, Ja zu sagen zur Banalität und Routine meines Alltags und das Besondere gerade im scheinbar Normalen zu entdecken. Mein Alltag hat oft die gleichen Abläufe. Ich stehe immer um die gleiche Zeit auf. Ich habe die gleiche Arbeit. Und die ist nicht im-

mer interessant. Aber wenn ich Ja sage zur Durchschnittlichkeit meines Alltags, dann ist der Alltag für mich ein
wichtiges spirituelles Übungsfeld. Denn darin übe ich die
Treue ein, die Treue zu mir, zu den Menschen und zu Gott.
Da übe ich die Selbstlosigkeit ein. Ich gebe mich hin an
diese Arbeit, an die Menschen, für die ich heute da bin.
Dann ist das Alltägliche nicht leer, sondern der Ort, an dem
ich meine Liebe einübe und verwirkliche. Dann werde ich
immer wieder auch im Alltag Begegnungen erfahren, die
mich beglücken. Und auf einmal wird das Leere zur Fülle,
das Banale zum Heiligen und die Routine wird aufgebrochen für die göttlichen Überraschungen, in denen das Unverfügbare der göttlichen Liebe in meinen Alltag einbricht.

Wie kann ich in den Belastungen des Alltags Lebensfreude gewinnen?

• • • • • • •

Auch hier sehe ich zwei Wege. Der erste Weg geht über Rituale. Rituale – religiöse ebenso wie nicht religiöse – ordnen die Wirklichkeit, sie aktivieren Kraft, stiften Sinn und geben mir das Gefühl, dass ich selber lebe, anstatt gelebt zu werden. Man sollte sich Zeit nehmen dafür. Ich selber habe Lust, den Tag auf diese Weise zu beginnen, mir Zeit zum Gebet und zur Meditation zu nehmen. Ich tue das nicht aus Pflichtgefühl, sondern weil ich es mir wert bin, meinem Tag eine besondere Note zu geben. Und durch das Ritual bekomme ich Lust und damit auch die Kraft, diesen Tag zu leben: Ich werde heute meine Lebensspur in diesen Tag eingraben. Ich muss nicht einfach nur Erwartungen erfüllen und die Belastungen tragen. Ich gestalte diesen Tag. Ich werde durch mein Sein diese Welt ein Stück mitformen und mit Liebe erfüllen. Das gibt mir Lust am Leben selbst, ich bekomme Freude am Leben. Die Alten sagen: Weil mein Leben ein dauerndes Fest ist, gebe ich ihm in den Ritualen eine angemessene Form. Auch das meint: Ich habe Lust, mein Leben zu gestalten.

Der zweite Weg ist, dass ich die Belastungen nicht verdränge, aber auch nicht als Druck sehe, der mich erdrückt oder auspresst. Ich sehe sie vielmehr als Herausforderungen, denen ich mich stelle, um zu wachsen. So wie ein Sportler die Belastung eines Wettkampfes als Herausforderung sieht, um besser zu werden, so möchte ich das Potential, das in mir steckt, auch wirklich ausprobieren. Und ich nehme die Belastung nicht als etwas Fremdes, das mir aufgedrückt wird. Ich habe Lust, selber etwas in die Hand zu nehmen. Für mich ist das eine wichtige Hilfe. Wenn ich etwa in der Verwaltung nur das täte, was andere von mir erwarten, würde es mir nicht sehr viel Spaß machen. Wenn ich aber selbst Ideen entwickle, wie ich die Arbeit umsetzen könnte, passiert auch mit mir etwas. Dann geben diese neuen Ideen dem Ganzen einen anderen Geschmack: den Geschmack von Lust am Formen und Gestalten.

Natürlich hat nicht jeder die Möglichkeit, seine Arbeit selbst zu bestimmen. Aber wie wir sie tun, wie wir heute den Menschen begegnen, mit welcher Stimmung wir ins Büro kommen, das ist unsere Entscheidung. Und damit können wir diese Welt und diesen Tag mitprägen. Bei allem, was uns vorgegeben wird, gibt es täglich doch immer wieder beglückende Erlebnisse und Erfahrungen, die uns überraschend begegnen und unser Herz erfreuen. Und damit wieder auf andere ausstrahlen können.

Meine Zeit ist zerrissen, von zu vielen Ansprüchen –
wie kann ich sie sinnvoll gestalten?

● ● ● ● ● ● ● ●

Es kommt darauf an, wie ich meine Zeit verstehe. Wenn ich sie vor allem als Anhäufung von Terminen sehe, dann erfahre ich sie als zerrissen. Die Griechen haben für dieses Zeitverständnis das Wort „chronos" gebraucht. Wir sprechen heute noch vom „Chronometer", vom Zeitmesser. Hier geht es um die Minuten und Sekunden, die gefüllt sind von irgendwelchen Ansprüchen und Erwartungen, die ich zu erfüllen habe. Chronos war für die Griechen der Urgott, der seine Kinder fraß. Wenn wir heute davon sprechen, dass die Zeit uns auffrisst, dass wir Sklaven der Zeit sind, von Termin zu Termin gehetzt werden, dann schwingt dieses Verständnis mit. Und noch heute empfinden wir es dramatisch: Die Zeit zerrinnt uns unter den Händen und reicht nie aus, all das zu tun, was wir sollten.

Die Griechen kennen aber noch ein anderes Wort für Zeit: „kairos". Das ist die gute, die angenehme Zeit, der Augenblick, in dem ich ganz da bin. In diesem Sinn hat Jesus von der Zeit gesprochen. Dort wo er auftritt, ist gute Zeit. Diese Zeit gehört mir. Ich bin ganz in der Zeit. Ich genieße den Augenblick. Ich bin gerade in dem, was ich tue, ohne auf die Uhr zu schauen und zu fragen, was mich in der nächsten Minute erwartet. Wer seine Zeit so wahrnimmt und erlebt, der fühlt sich nicht zerrissen. Er ist immer dort, wo er gerade steht, in dem Augenblick, in dem er gerade lebt. Wenn ich so lebe, dann genieße ich die Zeit. Und auch wenn ich viel zu tun habe, bin ich nicht zerrissen oder gehetzt. Ich tue eins nach dem andern. Aber jetzt, in diesem Augenblick, bin ich gerade mit dem beschäftigt, was ich jetzt tue. Und das tue ich ganz.

Es gibt verschiedene Möglichkeiten, seine Zeit gut zu gestalten. Der erste Weg dazu ist: ganz im Augenblick sein, ganz in dem sein, was ich gerade tue. Der zweite Weg besteht in der guten Rhythmisierung. Die Zeit ist in unserer Erfahrung schon immer rhythmisiert. Die Jahreszeiten geben der Zeit ihren Rhythmus, aber auch Morgen, Mittag und Abend strukturieren die Zeit eines jeden Tages. Wenn ich mich auf den guten Rhythmus der Zeit einlasse, auf die vorgegebene Struktur des Tages, dann tut mir das gut. Sich auf den Rhythmus des Lebens einzustellen, ist gesund. Jeder hat seinen eigenen Biorhythmus. Wenn ich ständig gegen diesen inneren Rhythmus arbeite, werde ich schnell müde und fühle mich ausgelaugt. Wenn ich dagegen im Rhythmus meines Leibes und meiner Seele lebe, bin ich im Einklang mit mir. Ich habe nicht den Eindruck, zerrissen und gehetzt zu sein. Und die Arbeit geht mir gut von der Hand. Aber ich bin nicht Sklave der Arbeit. Ich kann in der Beziehung zu dem, was ich tue, Sinn erfahren.

Wie finde ich inneren Frieden?

● ● ● ● ● ● ●

Jeder sucht auf anderem Weg seinen inneren Frieden. Mir hilft es, dass ich mit dem inneren Raum in Berührung bin, zu dem die Ansprüche der Menschen keinen Zutritt haben. In diesem inneren Raum der Stille ist Friede. Ich muss nur immer wieder nach innen spüren und diesen Frieden in mir wahrnehmen. Und ich darf die Ansprüche, die von anderen an mich gestellt werden, nicht absolut setzen. Die Menschen dürfen Erwartungen an mich haben. Aber ich habe die Freiheit, auf die Erwartungen zu reagieren. Ich entscheide, welche Erwartungen ich erfülle und gegenüber welchen ich mich abgrenze. Wenn ich diese innere Freiheit habe, dann werde ich nicht aggressiv sein gegenüber den Menschen, die Erwartungen haben. Ich respektiere ihre Ansprüche. Ich verstehe sie: „Du darfst diese Ansprüche haben. Aber ich kann und will diese Ansprüche nicht erfüllen. Ich tue das, was ich für richtig halte." Oft haben Menschen Angst, gegenüber den Erwartungen anderer Nein zu sagen. Sie könnten die anderen verletzen. Oder sie könnten selbst abgelehnt werden und dann nicht mehr so beliebt sein. So lassen sie sich oft von den Ansprüchen erdrücken. Nicht die Ansprüche sind das Problem, sondern unsere Reaktion darauf. Wir müssen die innere Freiheit wieder gewinnen. Dann können wir gelassen mit den Ansprüchen umgehen.

Wenn Menschen von den Ansprüchen ihrer kranken Eltern oder ihres fordernden Chefs allzu sehr erdrückt werden, gebe ich folgenden Rat: Gehe zu Deinem Chef oder besuche Deine Eltern mit der Vorstellung: Ich gehe ins Theater. Ich schaue zu, was mein Chef, was meine Mutter, was mein

Vater heute spielt. Aber ich spiele nicht mit. Ich lasse mir die Rollen nicht zuweisen. Wenn ich auf diese Weise inneren Abstand habe zu dem, was die anderen spielen, ohne es abzuwerten oder zu verurteilen, dann kann ich gelassen darauf reagieren. Ich fühle mich dann frei. Ich bin den anderen nicht böse. Sie dürfen spielen, was sie möchten. Das gestehe ich ihnen zu. Aber ich selber kann mich entscheiden, was ich will: Ich habe die Freiheit, nicht mitzuspielen. Oder ich habe die Möglichkeit, nur die Rollen zu übernehmen, die ich selber spielen möchte, und nicht die, in die andere mich pressen möchten. Mit dieser Einstellung bleibe ich frei und werde nicht zum Sklaven äußerer Ansprüche.

So viele Beziehungen scheitern.
Wie gelingen Beziehungen?

● ● ● ● ● ● ●

Beziehungen, die nicht gelingen wollen, sind Belastungen und Konflikten ausgesetzt. Das ist ganz normal. Durch den Druck, der heute auf den Menschen lastet, sind auch die Beziehungen berührt. „Nicht ist die Liebe gelernt", heißt es einmal bei Rilke. Auch wenn man Liebe vielleicht nicht lernen kann – mit Beziehungen und Beziehungskrisen umzugehen, das kann man lernen. Man kann sie auch neu sehen lernen. Das Erste ist, dass ich Konflikte nicht so interpretiere, als ob die Beziehung selbst gescheitert wäre. Ich bin durch einen Konflikt nicht als Person in Frage gestellt. Konflikte gehören dazu. Sie sind die Chance, zu neuen Möglichkeiten zu finden, in mir selbst und im Miteinander. Wichtig ist auch, das Bewusstsein dafür zu schärfen, dass es die zu hohen Erwartungen sind, die zu Belastungen führen. Es gibt in jeder Beziehung Phasen größerer Nähe und größerer Distanz. Wenn die Beziehung schwierig ist, ist es vielleicht eine Einladung, etwas mehr Distanz zu schaffen und erst einmal für sich selbst etwas zu tun, mit sich selbst gut umzugehen. Vielleicht wird dann der andere neugierig auf mich und meine Entwicklung. Dann wird er auch etwas für sich tun. Wenn ich aber immer meine, der andere müsse endlich etwas an sich arbeiten, damit unsere Beziehung gelingt, werde ich in ihm nur Widerstand hervorrufen. Und die Beziehung wird immer schwieriger.

Aber nicht nur Distanz ist wichtig. Damit Beziehung lebendig bleibt, ist es auch notwendig, immer Räume der Nähe zu suchen oder zu schaffen, die die gegenseitige Beziehung vertiefen können. Räume, die die Verbindung gerade deswegen stärken, weil sie frei sind von Beanspruchungen, die von außen kommen: Beruf, Kinder, Alltagssorgen ...

Damit Beziehungen gelingen, brauchen wir zudem gute Kommunikationsformen und eine gesunde Streitkultur. Wir brauchen aber auch die richtige Einstellung zu uns selbst und zum andern. Wir dürfen vom andern nicht alles erwarten. Der andere kann uns nie absolute Liebe und absolute Geborgenheit und absolutes Verständnis schenken. Psychologen sprechen davon, dass man eine Paarbeziehung entmythologisieren muss, dass man die Ansprüche daran nicht übersteigern darf, damit die Liebe reif wird. Etwas Absolutes vermag allein Gott zu geben. Wenn wir die Beziehung zum Ideal überhöhen und vom anderen so etwas wie das Paradies auf Erden erwarten, überfordern wir ihn mit unseren Erwartungen. Dann wird die Beziehung immer schwieriger werden. Wenn wir aber dankbar annehmen, was der andere in seiner Begrenztheit uns an Liebe, Geborgenheit und Verständnis schenkt, dann wird unsere Beziehung entkrampft. Wir erkennen in dem, was wir vom andern erfahren, einen Verweis auf die absolute Liebe. Und so hält uns die Beziehung zum andern lebendig auf unserem Weg zu dieser absoluten Liebe hin, die Gott ist. Daher ist für mich die Beziehung zu Gott eine große Hilfe, damit die Beziehung zu den Menschen gelingt.

Eine andere Hilfe für das Gelingen von Beziehungen ist: achtsam sein auf den anderen, achtsam sein auch auf das andere in ihm. Es ist wichtig, sich immer wieder in den anderen hineinzuversetzen, sich zu fragen, wonach er sich sehnt, woran er leidet, warum er so empfindlich ist, warum er so reagiert. Ich darf nicht alles auf mich persönlich beziehen.

Sein Verhalten sagt etwas über ihn aus. Und wenn er schwierig ist, dann hat das immer einen Grund in seiner Lebensgeschichte. Wenn ich zu einer solchen Sichtweise fähig bin, beiße ich mich nicht fest an seinem Verhalten. Ich versuche, dahinter zu sehen, es zu verstehen. Wenn ich es verstehe, kann ich besser darauf reagieren.

Bei allen Begrenzungen, die ich im andern sehe, muss ich aber auch an das Gute in ihm glauben. Nur wenn ich an das Gute in ihm glaube, wird er den guten Kern in sich entfalten. Dazu kann ich aktiv beitragen. Mein Glaube an das Gute in anderen wächst, wenn ich etwa für ihn bete oder wenn ich ihn segne. Im Segen wünsche ich einem Menschen das, was er braucht, um mit sich in Frieden zu kommen. Im Gebet lerne ich, den andern mit neuen Augen zu sehen. Und genau diese Fähigkeit – den anderen mit neuen Augen zu sehen – ist entscheidend für das Gelingen einer Beziehung. Denn oft genug scheitern Beziehungen – nicht nur in der Partnerschaft, sondern in den verschiedensten Zusammenhängen –, weil wir den andern nicht sehen wie er ist, sondern ihn nur durch die Brille unserer Vorurteile wahrnehmen.

*Ist wirkliche Versöhnung auch bei tiefen Verletzungen
möglich?*

* * * * * * *

Wir müssen unterscheiden zwischen der Versöhnung,
die in mir geschieht, und der Versöhnung mit dem andern.
Im Lateinischen heißt Versöhnung „reconciliatio". Darin
steckt, dass die Beziehung zum andern wieder möglich
wird, dass ich wieder in guten Kontakt zu ihm trete. Die
Versöhnung als Geschehen in mir ist immer möglich. Ich
kann mich innerlich auch mit dem versöhnen, der mich tief
verletzt hat. Ich trage dem andern nichts mehr nach. Ich bin
mit dem, was er mir angetan hat, versöhnt. In mir hat sich
etwas gewandelt. Ich habe das Vergangene angenommen
und in meinen Lebensentwurf aufgenommen. Dadurch hat
es sich verwandelt. Es belastet mich nicht mehr. Das Ziel
der Versöhnung ist, dass die Wunde in mir zu einer Perle
wird. Dann bin ich auch frei von der negativen Ausstrah-
lung des andern.

Versöhnung mit dem andern heißt aber nicht unbedingt,
dass ich seine Nähe gut ertragen kann. Ich muss immer
auch meine eigene Grenze akzeptieren. Eine Frau, die von
ihrem Vater missbraucht worden ist, kann seine Nähe oft
nicht mehr ertragen. Manchmal gelingt es, dass sie den Täter mit seiner Tat konfrontiert und ihm dann vergibt. Aber
das braucht oft sehr lange. Eine Frau erzählte mir, sie hätte
geglaubt, sie habe ihrem Vater vergeben. Aber beim letzten
Besuch musste sie sich übergeben. Ihr Magen rebellierte.
Ihr Leib signalisierte ihr, dass die Versöhnung noch Zeit
braucht, um alle Bereiche ihrer Seele und ihres Leibes zu
durchdringen.

Ein anderes Wort, das wir immer wieder mit Versöhnung verbinden, ist die Vergebung. In der Vergebung befreie ich mich selbst von der negativen Energie, die durch die Verletzung noch in mir ist. Wenn ich dem andern nicht vergebe, dann bin ich noch an ihn gebunden, dann hat er noch Macht über mich. Vergebung ist die Befreiung von der Macht des andern. Ich gebe die Verletzung weg, ich überlasse sie ihm. Ich befreie mich davon. Ich löse die Fesseln, die mich immer um die Verletzung kreisen lassen. Vergebung gehört zur Seelenhygiene. Und die ist immer möglich, auch wenn sie oft erst nach einem langen und schmerzlichen Prozess gelingt.

Wenn Versöhnung mit dem andern gelingt, ist es befreiend. Aber wir sollen uns da nicht überfordern. Manchmal bedeutet die Vergebung auch, dass wir eine gesunde Distanz zu dem wahren, der uns verletzt hat, damit die Wunde nicht immer wieder neu aufbricht.

In der Diskussion mit der Entlassung der RAF-Täter wurde manchmal eingebracht, wir könnten dem Täter nur vergeben, wenn er seine Schuld eingesteht. Vergebung ist nicht vom Eingeständnis der Schuld abhängig. Denn Vergebung ist ja etwas, was in mir geschieht. Ich befreie mich von dem, was der andere mir angetan hat. Damit kann es seine zerstörerische Wirkung in mir nicht mehr entfalten. Vergebung heißt allerdings nicht, dass ich alles entschuldige. Ich vergesse nicht, was war. Aber ich gebe dem Vergangenen keine Macht. Was der Täter macht, ist seine Verantwortung. Wenn er seine Schuld nicht einsieht, dann wird sicher kaum eine gute Beziehung zu ihm möglich sein. Vergebung und Versöhnung sind ein Angebot an ihn. Aber es liegt an ihm, ob er es annimmt. Wir sollen uns auf jeden Fall nicht von seiner Reaktion abhängig machen.

Was ist wichtiger:
Treue zu mir selbst oder Treue zu anderen?

* * * * * * *

Beides kann man nicht gegeneinander ausspielen. Und normalerweise ist das auch kein Gegensatz. Für mich ist beides wichtig. Ich muss mir selbst treu bleiben. Ich darf mich nicht verbiegen. Ich muss innerlich stimmig leben, meinem wahren Selbst entsprechend. Wenn die Treue zum andern diese Treue zu mir zerbrechen würde, dann würde ich die Treue zu mir selbst nicht durchhalten.

Treue zum andern heißt: Du kannst dich auf mich verlassen. Ich stehe zu dir, so wie du bist. Mein Ja zu dir ist nicht an allerlei Vorbehalte gebunden. Das heißt aber nicht, dass ich mich durch dich vom richtigen Weg abbringen lasse, weder von meinen innersten Überzeugungen, noch von meinem wahren Wesen. Treue zum andern heißt auch nicht, dass ich mich vom andern in etwas Böses hinein ziehen lasse. Treue zum andern bedeutet vielmehr: Ich spiele nicht mit unserer Beziehung. Ich stehe zu dir und ich lasse dich nicht fallen, wenn ich an dir etwas entdecke, was mir nicht gefällt. Ich traue dir zu, dass du zu deinem wahren Wesen zurückfindest, wenn du davon abgewichen bist. Normalerweise tut mir die Treue zum andern auch selber gut. Sie bindet mich, gibt mir Festigkeit und formt mich.

Der Paartherapeut Hans Jellouschek hält die „Kunst, verbindlich zu werden" für wesentlich, wenn eine Beziehung, eine Verbindung glücklich und eine Bindung stabil sein soll. Das ist in der Tat eine kreative und fruchtbare Kunst: In der Treue zum andern kann ich erst das Potential entfalten, das in meiner eigenen Seele bereit liegt. Ich gehe mit ihm den Weg. Und auf diesem gemeinsamen Weg entdecken wir etwas, das größer ist als wir selbst. In der Treue zum andern übersteige ich mich selbst. Das ermöglicht mir, über mich hinaus zu wachsen und in die Gestalt hinein zu wachsen, die Gott mir zugedacht hat, die aber größer ist als die, die ich bisher in mir gesehen habe.

Manche meinen, ich könne keine Treue versprechen, weil ich mich selbst ständig verändere und weil der andere sich wandelt. Treue ist in der Tat das Versprechen, durch alle Wandlungen in mir und im andern mir selbst und dem andern treu zu bleiben. Ich sage ja zu einem Menschen, von dem ich nicht weiß, wohin er sich ändern wird. So ist Treue immer auch riskant und ein Wagnis. Aber in diesem Wagnis steckt die Sehnsucht, mein Leben in einem Wort – in diesem „Ja" – zusammenzufassen. Es ist dieses eine Wort, auf das der andere sich und auf das ich mich selbst verlassen kann.

Treue ist eine Haltung, eine Tugend. Aber es liegt immer auch an mir, ob ich mich für die Treue entscheide. Indem ich mich für die Treue entscheide, bitte ich Gott, dass ich dann die Treue auch in meinem ganzen Verhalten durchzuhalten vermag. Für Christen ist die Treue Gottes zu uns ein Grund, warum wir überhaupt Treue wagen können. Dahinter steckt die Gewissheit: Gott bleibt uns treu, selbst wenn wir uns untreu werden. Seine Treue ermöglicht uns immer Umkehr und Rückkehr.

Die Alten haben die Treue als hohes Gut und als Geschenk von Gott gesehen. Der Weisheitslehrer der hebräischen Bibel Jesus Sirach singt ein Loblied über die Treue: „Ein treuer Freund ist wie ein festes Zelt; wer einen solchen findet, hat einen Schatz gefunden. Für einen treuen Freund gibt es keinen Preis, nichts wiegt seinen Wert auf. Das Leben ist geborgen bei einem treuen Freund, ihn findet, wer Gott fürchtet." (Jes Sir 6,14–16)

Wie kann ich meine Zerrissenheit aufheben und innere Einheit erfahren?

• • • • • • • •

Der erste Weg geht über die Annahme der eigenen Gegensätzlichkeit. Wir sind nie eindeutig. Wir haben immer zwei Pole in uns: Liebe und Aggression, Verstand und Gefühl, Männliches und Weibliches, Bewusstes und Unbewusstes. Die eigene Gegensätzlichkeit anzunehmen verlangt ein Abschiednehmen von falschen Idealbildern, als ob ich nur gut und nur lieb oder fromm wäre.

Wenn ich meine Gegensätze annehme, hören sie auf, mich zu zerreißen. Dann machen sie mich weit. Ich kann das Gegensätzliche in mir nicht leugnen und das Widersprüchliche in mir nicht ausscheiden. Damit würde ich mich selbst beschneiden. Wenn ich mich jedoch mit meiner Gegensätzlichkeit aussöhne, dann geschieht auch etwas Positives: Ich fühle mich eins mit mir und allem, was in mir ist.

Es ist durchaus sinnvoll, sich diese Gegebenheit auch körperlich bewusst zu machen. Eine Möglichkeit ist für mich die Gebärde des Kreuzes. Das kann eine Hilfe sein, diese innere Spannung anzunehmen. Ich stelle mich aufrecht hin und strecke meine Arme nach rechts und links. Ich spüre die Gegensätze in mir. Sie können mich zerreißen. Doch wenn ich mich ganz in diese Gebärde gebe, dann macht sie mich weit. Ich könnte die ganze Welt umarmen. Nichts Menschliches, nichts Kosmisches ist mir fremd. Alles ist in mir. Diese Erfahrung schenkt mir Weite und Freiheit und Liebe zu allem, was ist.

Der zweite Weg geht über die Erfahrung des Einsseins. Auch dies hat eine körperliche Dimension: Ich kann diese Erfahrung einüben, indem ich auf meinen Atem achte. Ich bin ganz in meinem Atem. Ich lasse alles los, was immer wieder an Gedanken hochkommt. Dann führt mich der Atem in den inneren Raum der Stille. Dort erahne ich manchmal ein Sein, in dem alles eins ist: Gott und Mensch, die Welt und ich, Himmel und Erde. Ich bin in einer solchen Erfahrung ganz und gar einverstanden mit mir und dem Leben, mit der Welt, so wie sie ist. Nach außen mag weiterhin vieles für mich unklar bleiben. Aber in der Tiefe ist auf einmal alles klar, und alles ist eins. Das ist die Erfahrung der Kontemplation. Es ist immer nur eine kurze und vorübergehende Erfahrung. Ich kann mich zwar in diese Erfahrung einüben und mich durch die Übung dafür bereiten, aber ich kann sie nicht herstellen oder machen. Sie ist letztlich immer Geschenk. Wenn ich diese Erfahrung machen darf, dann hört alle Zerrissenheit in diesem Augenblick auf. Wenn ich mich später wieder zerrissen fühle, erinnere ich mich an diese Erfahrung, ich kann wie auf eine Quelle der Kraft auf sie zurückgreifen. Dann verliert die Zerrissenheit ihre Bedrohlichkeit. Und ich kann wieder zu mir finden.

Wie finde ich zu mir selbst, ohne mich von anderen
zu sehr abzugrenzen?

• • • • • • •

Es gehört beides zu mir: Um ich selbst zu werden,
muss ich bei mir sein. Und auf der anderen Seite ist es auch
nötig, mich auf andere einzulassen, andern zu helfen, mit
andern den Weg zu gehen, um in der Begegnung mich zu
erfahren.

Wir haben es in unserer eher auf Konkurrenz und Vergleich angelegten Kultur gelernt und eingeübt, zu anderen
auf Distanz zu gehen, und hoffen, dadurch eher zu uns
selbst zu kommen. Aber ich finde zu mir nicht, wenn ich
mich abkapsele. Martin Buber, der jüdische Religionsphilo-
soph, hat es so formuliert: „Der Mensch wird am Du zum
Ich." Das heißt: In der Begegnung erst finde ich mein wahres Selbst. Im Gegenüber, im Ereignis der Beziehung, die
sich verdichtet und die in den Bezugspersonen auch wech-
selt, klärt sich und wächst das Ich.

Wir brauchen beides: Nähe und Distanz, Beziehung und
Ablösung. Aber es braucht immer eine gesunde Balance
zwischen den beiden Polen. Wir können uns auch selbst
verlieren, wenn wir uns nur mit andern beschäftigen oder
nur die Wünsche der andern erfüllen. Dann müssen wir uns
abgrenzen. Allerdings gibt es Menschen, die sich zu sehr
abgrenzen. Sie fürchten, es könnte eine Beziehung zu eng
und damit zu bedrohlich werden. Sie haben Angst, sie könnten sich in der Hingabe verlieren. Aber wenn sie sich nicht
hingeben, wird ihr Leben unfruchtbar. Für mich ist es wichtig, auf meine Gefühle zu hören. Das Normale ist, dass ich
offen bin für andere und bereit, mich auf sie einzulassen
und mich ihnen und der Arbeit hinzugeben. Aber es gibt

auch Warnsignale, auf die man hören sollte. Wenn ich in mir bittere Gefühle spüre oder in einer konkreten Situation oder Beziehung Empfindlichkeit und Gereiztheit empfinde, dann ist das für mich ein Ansporn, mich besser abzugrenzen.

Wenn ich mich in guter Weise von anderen abgrenze und ihren Bitten auch einmal ein Nein entgegensetze, zerstört das die Beziehung nicht, sondern klärt sie und vertieft sie. Sie wird echter und ehrlicher und tut auf diese Weise beiden gut. In der Abgrenzung muss ich immer den achten, vor dem ich mich abgrenze. Ich verweigere nicht die Beziehung zu ihm. Ich achte seine und meine Grenze. Und innerhalb dieser Grenzen kann dann immer wieder Begegnung stattfinden, die für beide beglückend ist. Wenn ich mich nicht abgrenze, besteht die Gefahr, dass die Aggressionen gegenüber dem andern wachsen. Dann werden auch Begegnungen, die auf Helfen angelegt sind, schwierig, und mit meiner Hilfe befriedige ich möglicherweise nur mein schlechtes Gewissen. Ich helfe in einer solchen unklaren Situation nicht wirklich aus innerer Freiheit und Liebe heraus. Eine gute Abgrenzung klärt und vertieft Beziehungen. Sie zerstört sie nicht. Und sie schützt mich selber.

Soll ich mein Ich loslassen, oder soll ich eher immer mehr ich selbst werden?

. . . .

Beides ist wichtig. Ich muss erst einmal mein Ich finden und ganz ich selbst werden. C. G. Jung unterscheidet dabei zwischen Ich und Selbst. Das Ich ist der bewusste Personkern. Mit meinem Ich bin ich in Berührung, wenn ich sage: „Ich will jetzt dorthin fahren. Ich will nicht lernen. Ich will jetzt Musik hören." Das Ich weiß, was es will. Aber es ist auch in Gefahr, nur um sich zu kreisen, sich vor andern aufzuspielen und groß dazustehen. Jung meint, es sei die Aufgabe der ersten Lebenshälfte, ein starkes Ich zu entwickeln, ein Ich, das zu kämpfen und sich zu behaupten versteht.

In der zweiten Lebenshälfte geht es dann darum, vom Ich zum Selbst zu gelangen. Das Selbst ist der innerste Kern, der Bewusstes und Unbewusstes mit einschließt, der auch der göttlichen Wirklichkeit in sich Raum gibt. Dieses Selbst darf ich – im Gegensatz zum Ich – nicht loslassen. Meine Aufgabe besteht vielmehr darin, immer mehr zu diesem Selbst zu gelangen, meinen innersten Personkern zu entdecken und ihm entsprechend zu leben.

Das setzt Reife voraus. Um zu diesem Selbst zu kommen, ist es wichtig, die Ansprüche des Ego, das alles an sich raffen und besitzen will, loszulassen. Das Ego will imponieren. Und es bläht sich auf. Es entwickelt grandiose Selbstbilder, die aber der Realität meistens nicht entsprechen. Egozentrische Menschen isolieren sich selbst. Sie stoßen die andern ab. Wer sein wahres Selbst gefunden hat, der kann auch den andern auf gute Weise begegnen. Er will sie nicht vereinnahmen. Er ist offen für ihr Geheimnis. Und er ist mit sich in Frieden. Er ist authentisch. Er ist ganz er selber geworden. Um zu unserem wahren Selbst zu gelangen, müssen wir das Ego loslassen.

Das kann man einüben. Eine gute Übung, um das eigene Selbst zu entdecken, ist folgende: Ich sage einen ganzen Tag lang bei allem, was ich tue: „Ich bin ich selber." Dann merke ich erst, wie ich oft nur die Rolle spiele, die andere von mir erwarten oder von der ich meine, dass die andern sie möchten. Ich passe mich immer wieder an. Aber ich handle nicht aus meiner innersten Mitte heraus. Ich bin nicht authentisch.

Wenn ich einen ganzen Tag lang dieses Wort meditiert habe, – „Ich bin ich selber" – komme ich womöglich etwas näher an mein wahres Selbst heran. Aber dieses Selbst kann ich nicht mehr beschreiben und mit bestimmten Willensabsichten identifizieren. Vielleicht aber verspüre ich in mir eine Ahnung. Eine Ahnung von innerer Stimmigkeit – und von Übereinstimmung mit meinem Wesen: „Ich bin ich selber."

Immer wieder erlebe ich meine Begrenztheit,
meine Angst – wer erlöst mich davon, hier und jetzt?

• • • • • • • •

Lebenslang stoßen wir an Grenzen, immer wieder. Und
wir erfahren uns das ganze Leben lang verstrickt in Abhän-
gigkeiten, fühlen wir uns gefangen in schicksalhaften Un-
freiheiten. Sie legen sich wie ein mächtiger Schatten über
unser Leben, und wir können uns von ihnen trotz aller
Anstrengungen oft nur schwer lösen. Wir erfahren, dass
wir hinter unseren Möglichkeiten zurückbleiben und uns
in Schuld verhärten. Wir erleben Krankheit, wir verspüren
Ängste, Verzweiflung und Depression. Und wir kennen alle
– immer wieder – die Erfahrung, dass wir in unser eigenes
Ego eingesperrt sind. Und wir sehnen uns in all dem immer wieder nach der Freiheit einer „erlösenden" Wirklichkeit. Die Tradition nennt das, wonach wir uns sehnen: Erlösung.

Die entscheidende Frage ist, wie wir Erlösung verstehen
und erfahren. Wir haben als Christen die Erlösung manchmal zu jenseitig verstanden. Ein Blick in die Bibel zeigt uns
etwas anderes: Erlösung fängt hier im Leben an. In den
Geschichten von Jesus wird erzählt: Er ist gekommen, um
uns hier in unserem Leben zu erlösen, zu retten, zu heilen.
Er hat Kranke geheilt, Gebeugte aufgerichtet, Sündern ihre
Sünden vergeben und Menschen, die sich aufgegeben haben, wieder Mut zum Leben geschenkt. Das zeigt: Erlösung
erfahren wir hier in unserem Leben als etwas Heilendes und
Befreiendes.

Auch wenn wir nicht schwer krank sind oder unter
dem Druck eines harten Schicksals leiden, erfahren wir uns
immer auch als Menschen, die endlich sind und deren Le-

ben durch den Tod bedroht ist. Jesus ist nicht nur gekommen, damit es uns hier besser geht. Die Erlösung durch ihn schließt den Tod mit ein. Auch im Tod werden wir nicht allein gelassen, sondern gemeinsam mit ihm das Tor zum ewigen Leben durchschreiten. Er ist uns in seinem Tod vorangegangen, um uns die Angst vor dem Tod zu nehmen.

Erlösung ist konkret. Sie heißt, dass ich hier in meinem Leben immer wieder Befreiung erfahre, Lösung von Verkrampfungen und Verhärtungen. Wenn ich mich bedingungslos geliebt weiß, bin ich erlöst von dem Zwang, mich selbst ständig durch Leistung zu beweisen. In mir ist oft ein unbarmherziger Richter, der mich niedermacht, wenn ich einen Fehler begehe. Erlösung heißt: frei zu werden von diesem inneren Richter, mich selbst annehmen, weil ich die Vergebung von Gott her erfahren habe. Erlösung heißt für mich: im Blick auf den, der für mich am Kreuz gestorben ist, frei werden von aller Entwertung der eigenen Person. Ich bin wertvoll. Ich kann frei werden von allem egozentrischen Kreisen um mich selbst. Ich spüre, dass da in Jesus eine Liebe sichtbar wird, die auch mich zur Liebe befreit und befähigt. Erlösung verwandelt also mein Leben hier und jetzt.

Natürlich erfahre ich, dass diese Erlösung immer nur bestimmte Bereiche in mir durchdringt. Im Tod wird sie endgültig sein. Mein Glaube ist: Da werden alle Fesseln gelöst. Da werde ich ganz frei und ganz echt und nur noch reine Liebe sein. Da werde ich für immer eins mit Gott und mit mir selbst und mit all den Menschen, die ich je geliebt habe. Da erlebe ich in der Grenze zu Gott gleichzeitig die göttliche Aufhebung aller Grenzen. Die Hoffnung auf die endgültige Erlösung bedeutet kein Überspringen dieser Welt.

Im Gegenteil: Hoffnung hat jetzt und hier schon erlösende Kraft. Denn sie befreit mich schon hier von aller Angst und lässt mich daher die Gegenwart und meinen Alltag anders erleben. Ich bin frei, selbst lösend zu wirken und heilend auf andere zuzugehen. Ich selbst bin in der Lage, die Fesseln anderer zu lösen und befreiende Liebe in die Welt hinein zu tragen. Indem ich die Grenze des Todes als Einladung zu einem intensiven Leben hier und jetzt erfahre, kann ich gelassen und dankbar für jeden Augenblick sein.

Hört es jemals auf, dass ich mich nach etwas sehne?

● ● ● ● ● ● ● ●

Unsere Sehnsucht wird erst im Tod aufhören. Erst da wird sie für immer erfüllt werden. Solange wir leben, sehnen wir uns. Sehnsucht ist für mich aber nicht der Gegensatz zum Glück. Vielmehr bewirkt die Sehnsucht selbst in mir eine Art Glück. Das haben die Dichter immer schon gewusst. Arthur Schnitzler sagt einmal: „Die Sehnsucht ist es, die unsere Seele nährt, und nicht die Erfüllung." Die Sehnsucht hält uns lebendig. Und diese Lebendigkeit ist für mich Glück.

Der romantische Dichter Friedrich Schlegel sieht die Sehnsucht sogar als den Weg zur wahren Ruhe. „Nur in der Sehnsucht finden wir die Ruhe. Ja, die Ruhe ist nur das, wenn unser Geist durch nichts gestört wird, sich zu sehnen und zu suchen, wo er nichts Höheres finden kann als die eigne Sehnsucht." In dieser Ruhe, die wir in der Sehnsucht finden, leuchtet schon etwas von der ewigen Ruhe auf, die uns im Tod erwartet. Es ist keine tote Ruhe, sondern eine Ruhe, in der wir ganz wir selbst sind, ganz erfüllt. In ihr haben wir teil an der Sabbatruhe des Schöpfers und können mit ihm sagen: „Es ist alles gut." Das ist dann das höchste Glück. Aber solange wir uns nach Glück sehnen, erfahren wir in der Sehnsucht nach Glück schon das Glück. Wir sind sehnend jetzt schon glücklich. Dennoch brauchen wir dieses Glück nicht festzuhalten, weil es uns verweist auf eines, das ewig bleiben wird.

Wenn wir aufhören, uns zu sehnen, bleiben wir innerlich stehen. Die Sehnsucht weitet das Herz und lässt uns das, was wir täglich erfahren, auf viel intensivere Weise erleben. Der Tod der Sehnsucht wäre also auch das Ende des

Glücks. Im Tod stirbt die Sehnsucht nicht, sondern sie kommt an ihr Ziel. Die Sehnsucht ist kein Gegensatz zur Zufriedenheit. Gerade weil ich mich nach etwas sehne, das diese Welt übersteigt, kann ich mit der Durchschnittlichkeit meines Lebens zufrieden sein. Ich muss hier nicht alles haben, weil meine Sehnsucht mich über all das Vordergründige hinaushebt in den Bereich Gottes, in dem allein meine Sehnsucht wirklich gestillt wird.

Was bin ich wert?
Bin ich frei?

Warum lebe ich eigentlich?
Verdanke ich mein Leben nicht dem reinen Zufall?

• • • • • • • •

Warum bin ich eigentlich auf der Welt? Das ist eine Frage, die nachdenkliche Menschen immer umgetrieben hat. Jeder und jede sieht sich damit konfrontiert. Auf der einen Seite scheint es Zufall zu sein, dass ich auf der Welt bin. Dass meine Eltern sich gefunden und mich gezeugt haben, war nicht selbstverständlich. Ich habe mir meine Existenz nicht ausgesucht. Ich wurde in die Welt geworfen, ohne gefragt worden zu sein. Dass ich in diese Zeit hineingeboren wurde, dafür kann ich nichts. Dass ich in diesem Land, in dieser Kultur, in dieser Religion aufgewachsen bin, ist mir vorgegeben. Das alles scheint Zufall zu sein.

Aber es hängt auch alles von meiner Deutung ab. Ich kann meine Existenz als absurden Zufall sehen. Ich kann sie aber auch anders deuten. Ich kann auch mit gutem Grund glauben, dass ich gewollt bin, dass ich aus Gnade und nicht aus Zufall existiere, dass ich erwählt bin. Die Bibel drückt es immer wieder so aus. Ich bin erwählt, das heißt: auf mich ist die Wahl Gottes gefallen. Er hat mich ganz bewusst gewollt. Und er hat mich so gewollt, wie ich bin, mit der Kultur, in der ich aufgewachsen bin, mit meinen Anlagen und Fähigkeiten und meinen Begrenzungen. Freilich wird diese Deutung dem schwer fallen, der behindert auf die Welt kam, der sein Leben lang in einem Kriegsgebiet zubringen muss. Ich kann dann nicht sagen, dass Gott gewollt hat, dass ich in dieses Elend kam. Mir würde dann allein der Gedanke helfen, dass ich als diese einmalige Person von Gott gewollt bin und dass es trotz der äußeren Umstände etwas in mir gibt, das gut ist, das letztlich der Macht widriger Verhältnisse entzogen ist. Ich als Person bin unabhängig von dem, was um mich herum ist. Mit einer solchen Einstellung kann ich die äußeren Umstände als Herausforderung sehen, an mir und an Gott als meinem letzten Grund nicht zu verzweifeln und in allem äußeren Wirrwarr den unantastbaren Kern in mir zu entdecken.

Für mich gilt: Von meiner Deutung hängt ab, wie ich mich fühle und wie ich mich und mein Leben erlebe. Ganz gleich, wie es um mich herum aussieht, ich bin dankbar, dass ich auf der Welt bin. Und ich spüre meinen Wert: Ich bin einmalig, weil Gott sich dieses Bild, das in mir ist, nur von mir gemacht hat. Und so darf ich sagen: Ich bin nicht zufällig auf der Welt. Mit den Bildern der Bibel kann ich sagen: Ich bin von Gott geschaffen und geformt. Er hat mich bei meinem Namen genannt. Er hat mich in seine Hand geschrieben. Das macht mich besonders. Ich darf seine Worte ganz persönlich auf mich beziehen: „Fürchte dich nicht, denn ich habe dich ausgelöst, ich habe dich beim Namen gerufen, du gehörst mir." (Jes 43,1)

Warum leben wir, wenn wir sterben müssen?

● ● ● ● ● ● ●

Warum wir leben, wenn wir sterben müssen, kann ich letztlich nicht beantworten. Ich erkenne nur, dass überall auf der Welt das Leben mit dem Tod zusammenhängt. Es gibt weder bei den Pflanzen noch bei den Tieren ein Leben ohne Sterben. Auch wir Menschen haben teil an dieser Wirklichkeit, auch wir stehen unter dem Gesetz von Stirb und Werde. Unser Leben ist endlich. Wir können dem nicht entgehen, trotz aller Versuche der Wissenschaft, den Tod hinauszuschieben. Die Frage ist, wie wir damit umgehen. Wenn wir akzeptieren, dass unser Leben endlich ist, dann gibt das der Lebensspanne, die uns zur Verfügung steht, einen besonderen Wert.

Unser Leben ist einmalig. Daher sollen wir es achtsam leben. Die Kunst des Lebens besteht darin, den Tod in unser Leben zu integrieren und auf diese Weise intensiver zu leben. Der Tod lädt uns ein, das Geheimnis des Lebens zu erspüren und jetzt in diesem Augenblick ganz gegenwärtig zu sein. Wenn ich an meinen Tod denke, dann werde ich davon angeregt, bewusst zu leben, die Worte zu sprechen, die ich eigentlich schon lange einmal sagen wollte, das zu schreiben, was wirklich meinem Innersten entspricht, und das zu tun, was ich als meinen Auftrag in der Welt ansehe. Und ich werde nicht gedankenlos und achtlos vor mich hinleben, sondern jeden Augenblick intensiv auskosten. Ich spüre im Blick auf den Tod den Geschmack des Lebens. Wenn jeder Tag mein letzter sein kann, werde ich diesen heutigen Tag nicht unachtsam vergeuden. Wenn mein Gang durch die Natur heute der letzte hier auf Erden sein kann, dann werde ich bewusster und mit allen Sinnen gehen. Ich werde meinen Atem wahrnehmen, den Wind auf der Haut spüren. Und ich werde dankbar sein für alles, was ich erlebe.

Der Tod ist die Grenze meines Lebens. Jede Grenze hat zwei Seiten, diesseits und jenseits der durch sie vollzogenen Trennung. Der Tod ist die Grenze, die mich einlädt, innerhalb der Grenzen bewusst und intensiv zu leben. Er ist aber auch die Grenze, die ich überschreite und die mich aus der Begrenztheit meiner geschichtlichen und durch vielerlei Einschränkungen bedingten Existenz in eine neue Weite führt. Ich werde im Überschreiten dieser Grenze nicht ins Nichts hineinsterben, sondern in die Fülle des Lebens, in Gott hinein. Mein Tod ist also nicht nur das Ende, sondern auch ein Neuanfang, eine Verwandlung dieses Lebens, die Erfüllung meiner tiefsten Sehnsucht.

So intensiviert das Denken an den Tod mein Leben. Und die Integration des Todes in mein Leben nimmt mir die Angst vor dem Tod. Der Tod steht nicht wie etwas Bedrohliches vor mir. Er mindert oder zerstört nicht meinen Wert. Er ist vielmehr das Ziel, in dem ich für immer ganz und gar, klar und rein der sein werde, als der ich von Anfang an gedacht wurde.

● ● ● ● ● ● ●

Vor unserer Existenz waren wir ein Gedanke Gottes. In unserer Geburt ist dieser Gedanke Fleisch geworden. Der griechische Philosoph Platon meinte, unsere Seelen seien vor der Geburt im göttlichen Bereich gewesen. Sie hätten eine selbständige Existenz gehabt und sich in unserer Geburt mit dem Körper vereinigt. Wir Christen sehen das nicht so. Da hat kein Teil – auch wenn er noch so geistig ist wie die unsterbliche Seele bei Platon – vor uns existiert. Unsere Existenz hat mit unserer Zeugung begonnen.

Nach dem Tod – so glauben wir Christen – kommt nicht das Nichts. Zum Kern christlichen Glaubens gehört die feste Hoffnung: Nach dem Tod werden wir mit Christus auferstehen. Wie sollen wir uns das vorstellen? Es wird nicht nur unsere unsterbliche Seele weiter existieren, wie das die griechische Philosophie seit Platon immer bekannt hat. Denn wir sehen die Seele nicht als selbständige Substanz, sondern als Form des Körpers. Wir als Person werden in Gott hineingerettet. Wir sterben in den hinein, der die erste und letzte Wirklichkeit ist, und wir werden in ihm als unserem Urgrund unsere wahre Heimat finden. Und in ihm, der Liebe ist, wird all unsere Sehnsucht erfüllt werden, die wir hier während unseres Lebens spüren und die in diesem Leben nicht erfüllt werden kann. Wie diese Erfüllung konkret aussieht, darauf gibt es keine theoretische Antwort und nichts, was man als nachprüfbares Wissen vermitteln könnte. Diese Erfüllung können wir nur in Bildern beschreiben, wie sie uns die Bibel und die geistliche Tradition anbieten. Diese Bilder beschreiben das Leben nach dem Tod als Hochzeitsmahl, als ewiges Fest, als Anschauung Gottes, als ewige Ruhe. Auch hier ist festzuhalten: All das sind Bilder für etwas, was wir letztlich nicht mehr mit Worten beschreiben können. Bilder sind aber nicht ohne Bedeutung und Sinn. Sie sind ein Fenster, durch das wir in die richtige Richtung schauen. Aber was wir schauen, das übersteigt unser Vorstellungsvermögen. So verschieden die Bilder sind: hinter ihnen allen steht im Kern eine gemeinsame Überzeugung: Wir dürfen vertrauen, dass wir im Tod für immer mit Gott eins sein und in ihm zu unserem wahren Wesen finden werden.

Was ist eigentlich die menschliche Seele?

• • • • • • •

Die Frage lässt sich nicht so einfach beantworten. Das zeigt schon ein Blick in die Geschichte des Nachdenkens über die Seele und ein Blick auf die verschiedenen Vorstellungen, die von der Seele entwickelt wurden.

Die griechische Philosophie hat die unsterbliche Seele dem sterblichen Leib gegenübergestellt. Die Seele ist für Platon eine eigene Substanz. Sie verbindet sich mit dem Körper, bleibt dort aber letztlich ganz sie selbst. Sie lebt im Körper gleichsam wie in einem Gefängnis.

Dem gegenüber hat die Bibel eine ganz andere Sicht von Seele. Die Bibel bezeichnet mit „psyche = Seele" die Lebendigkeit des Fleisches. Manche Autoren übersetzen die biblische „psyche" daher einfach nur mit „Leben".

Thomas von Aquin nennt die Seele die Form des Körpers. Für ihn gibt es also keine Seele, die sich nicht in einen Körper hineingibt. Für die Psychologie hat die Seele (Psyche) eine andere Bedeutung. Sie bezeichnet den inneren Bereich des Menschen, der nicht nur das Bewusste, sondern auch das Unbewusste miteinschließt.

Für mich ist die Seele ein Bild für die Mitte des Menschen, für seine Einmaligkeit, aber auch für seinen Transzendenzbezug. Die Seele ist nicht vom Leib zu trennen, jedoch meint sie nicht das Gleiche wie der Leib. Mit Dietrich Wiederkehr möchte ich die Seele bezeichnen als „die personale und existentielle Mitte gegenüber dem von außen übergeworfenen Rollenbild der Gesellschaft über die verborgene Identität, die personale Einmaligkeit gegenüber den austauschbaren nivellierten Individuen". Wenn ich diesen etwas schwierig klingenden Satz in unsere Erfahrung hinein übersetze, so heißt das für mich: Ich bin nicht festgelegt auf das, was die Gesellschaft von mir erwartet. Die Seele erinnert mich, dass ich etwas Einmaliges und Einzigartiges bin. Ich bin ein Gedanke Gottes, der sich in mir ausdrückt. Und Seele bezeichnet das Geheimnisvolle in mir, das dem Zugriff der Welt, auch dem Zugriff des Bewertens, entzogen ist.

Das deutsche Wort „Seele" kommt von „See" und weist hin auf die Tiefe, auf das Abgründige, Geheimnisvolle, das wir letztlich nicht begreifen können, das uns aber auch schützt vor dem Zugriff neugierigen Bestimmenwollens.

Seele meint also mein unverwechselbar Innerstes. Und in diesem Innersten bin ich auf Gott bezogen. Da übersteige ich diese Welt. Die Seele ist im Leib und prägt ihn. Umgekehrt hat auch der Leib auf die Seele Einfluss. Das merken wir, wenn wir krank sind. Wenn wir von Seele sprechen, meinen wir den Bereich, über den die Menschen nicht verfügen können und in dem ich offen bin für Gott, in dem ich in seine Wirklichkeit selbst hineinreiche. Für mich bezeichnet daher die Seele den göttlichen Glanz meines Inneren, den Reichtum an Ahnungen und Bildern, die ich in mir vorfinde und die mich alle auf Gott verweisen. In der Seele hat er seine Spur in mich eingegraben, um mich immer wieder an sich zu erinnern.

Was passiert mit der Seele im Moment von Geburt und Tod?

· · · · · · ·

Nicht erst im Moment der Geburt, sondern schon im Moment der Zeugung wird die Seele eins mit dem Leib. Sie ist von Beginn an das formende Prinzip des Leibes.

Im Tod – so sagt es der große mittelalterliche Denker Thomas von Aquin und in seinem Gefolge in ähnlicher Weise der moderne Theologe Karl Rahner – kommt die Seele ganz zu sich. Und für Rahner ist das der Augenblick, in dem sie ganz klar und ohne Beeinträchtigung durch die Schwere und Müdigkeit des Leibes über sich verfügt und die einzig absolut freie Entscheidung trifft. Sie entscheidet sich für oder gegen Gott, für oder gegen das Leben. Sie trennt sich vom Leib, aber nicht, um nun leiblos herumzuwandern, vielmehr bleibt der Bezug zum Leib. Die Bibel spricht davon, dass sie einen verwandelten, einen geistigen Leib formt. Auf jeden Fall wird in der Seele der Mensch selbst vor Gott treten und in ihm seine ganze Wahrheit erkennen. Wenn er sich in ihn hinein ergibt, dann wird durch seine Liebe die Seele geläutert und wird sich so einen reinen klaren Leib formen. So wird der Mensch in dieser neuen Form für immer in Gott sein. Allerdings müssen wir bei all diesen philosophischen und theologischen Aussagen immer auch wissen, dass sie nicht mehr als ein Versuch sind, das Geheimnis in Worten zu beschreiben. Letztlich bleibt immer etwas auch unbegreiflich. Aber die Theologie gibt uns auch durch diesen Gedanken einer großen Freiheit, die mit dem Tod möglich wird, an, in welche Richtung wir denken dürfen.

Habe ich eine Aufgabe, einen Auftrag in dieser Welt?

• • • • • • • •

Als Christ deute ich meinen Auftrag in der Welt so:
Gott hat – wie Romano Guardini einmal gesagt hat – über
mich ein Urwort gesprochen, das er nur mir zugedacht hat.
Ich könnte auch sagen: ein Passwort, das nur für mich passt.
Meine Aufgabe ist es, dieses einmalige Wort Gottes, das
in mir Fleisch geworden ist, in dieser Welt vernehmbar werden zu lassen. Ich kann sagen: Ich möchte in diese Welt
meine ganz persönliche Lebensspur eingraben. Ich möchte
das, was Gott in mich hineingelegt hat, wieder in diese Welt
hinein ausstrahlen. Was aber ist meine Lebensspur? Das erkenne ich, wenn ich in mich hineinhorche und spüre: Ich
bin stimmig. Und ich erkenne sie, wenn ich mich aussöhne
mit meiner Lebensgeschichte. Oft kann ich gerade in meinen seelischen Verletzungen die Spur entdecken, die ich in
diese Welt eingraben kann. Dort wo ich verletzt bin, bin ich
auch aufgebrochen für mein wahres Wesen, für das einmalige Wort, das Gott in mir gesprochen hat.

Ich beantworte die Frage, wozu ich auf der Welt bin,
also so: „Ich bin auf der Welt, um das einmalige Leben, das
Gott mir geschenkt hat, zu leben. Ich lebe, um das einmalige Wort, das er nur in mir gesprochen hat, in dieser Welt
hörbar zu machen. Ich finde meinen Sinn, wenn ich meine
persönliche Lebensspur in diese Welt eingrabe."

Ein anderes Bild fällt mir ein, das Bild der Sendung:
Jeder von uns hat eine ganz besondere Sendung. Ich bin
nicht nur für mich auf der Welt. Was meine ureigene Sendung ist, das kann ich erahnen, wenn ich auf die leisen Impulse meines Herzens höre. Wenn ich – etwa im Gebet – auf
sie höre, dann spüre ich, was ich gut kann und wo ich mich

einbringen sollte, damit durch mich diese Welt etwas heller und wärmer wird. Vielleicht fühle ich mich dann berufen, ein bestimmtes Projekt durchzuführen, etwas ganz Konkretes zu übernehmen. Das kann ein Projekt der Nächstenliebe sein, die Hilfe für Randgruppen oder ein Projekt in der Dritten Welt. Vielleicht sehe ich meine Sendung aber einfach und unspektakulär auch darin, eine gute Mutter oder ein guter Vater zu sein, meine Kinder gut zu erziehen und ihnen einen Raum der Geborgenheit und Liebe zu schenken. Und wenn sie erwachsen sind, dann erhält meine Sendung des Mutterseins oder Vaterseins eine andere Färbung: dann hege ich Leben und pflege es, damit es wächst. Oder aber ich lasse meine väterliche Energie anderen zufließen und stärke Menschen den Rücken, die meine Zuwendung brauchen.

Vielleicht klingt manchem das Wort „Sendung" zu pathetisch. Aber wenn wir ernst nehmen, was wir in dieser Welt tun, dann spüren wir: Mit unseren Gedanken und Gefühlen, mit unseren Worten und Taten können wir die Wirklichkeit um uns herum tatsächlich in einem positiven Sinn prägen. Dann werden wir erfahren, dass wir nicht nur von den Umständen bestimmt sind. Und dann zwingen wir der Welt und den anderen auch nicht gewaltsam etwas auf. Und trotzdem bringen wir etwas Wichtiges zuwege: Wir schaffen um uns herum eine Wirklichkeit, die nicht einfach rückgängig gemacht werden kann.

Wozu sind wir auf der Welt? Die Antwort auf diese große Frage ist also ganz einfach: Unsere Aufgabe ist es, in unserem Leben diese Welt mit unserer Person ein wenig heller und wärmer und menschlicher zu machen.

Was macht mich wertvoll?
Wie kann ich meinen Wert messen oder erfahren?

* * * * * * *

Was wir wert sind, lässt sich nicht von Gehaltszetteln ablesen und nicht aus Rankinglisten ersehen oder durch eine Berufsgruppenzugehörigkeit begründen. Und auch noch so teure Statussymbole geben darüber keine Auskunft. Jeder Mensch ist wertvoll, weil er ein einmaliges Geschöpf Gottes ist. Auch wenn meine Leistungen noch so beeindruckend und singulär sein mögen: Ich kann meinen Wert nicht im Vergleich mit anderen ermessen und andere können mich nicht auf diesem Weg in meinem Wert festlegen. Vielmehr erkenne ich meinen Wert, wenn ich in das Geheimnis meines Lebens hineinschaue.

Mich macht wertvoll, dass ich ein Mensch bin, dass ich von Gott geschaffen und erwählt bin. Und mich macht wertvoll, dass in mir etwas ist, was nur mir gehört. So wie ich fühle, fühlt sonst niemand. So wie ich spreche, spricht sonst niemand. So wie ich atme, atmet kein anderer. Ich darf meinen Wert nicht nur in dem sehen, was ich zuwege bringe. Meine Fähigkeiten sind Teil meines Wertes, machen ihn aber nicht aus. Sie sind nur wertvoll als Teil meiner einmaligen Person, in der Gott selbst sich ausspricht.

In der jüdisch-christlichen Tradition bestehen der Wert und die Würde des Menschen darin, dass Gott den Menschen nach seinem Bild und Gleichnis geschaffen hat. Im Menschen leuchtet also das Antlitz Gottes auf, das ist die Botschaft der Bibel. Für Christen hat das noch einmal eine Vertiefung dadurch erfahren, dass Gott in Jesus von Nazareth

Mensch geworden ist. Wenn wir dies glauben, sehen wir in jedem menschlichen Gesicht das Antlitz Jesu Christi. An jedem Weihnachtsfest feiert die Liturgie das große Geheimnis: Durch die Menschwerdung Gottes wurden wir Menschen vergöttlicht. Das macht also unsere tiefste Würde aus, dass in uns göttliches Leben, göttlicher Geist und göttliche Liebe sind.

Wir haben oft falsche Wertmaßstäbe. Wir messen einem andern Wert zu, wenn er großen Besitz, Macht oder viel Erfolg hat. Jesus hat diese weltlichen Maßstäbe über den Haufen geworfen. Er hat sich gerade der Sünder und Ausgestoßenen, der in der öffentlichen Wahrnehmung Entwerteten, angenommen und ihnen ihre unantastbare menschliche und göttliche Würde wieder geschenkt. Daher sind wir Christen aufgefordert, in jedem Menschen den unantastbaren Wert zu sehen. Das hat letztlich auch politische Auswirkungen.

Christlich kann sich keine Politik nennen, die Menschen irgendeiner sozialen Schicht als minderwertig behandelt. Christliche Politik muss sich gerade auch der Randgruppen annehmen und jedem Menschen zu vermitteln, dass er eine Würde hat, die unantastbar ist. Im Grundgesetz der BRD ist das festgeschrieben. Aber es ist eine Herausforderung, diesen Grundsatz auch in der gesellschaftlichen Auseinandersetzungen durchzuhalten. Wenn wir jedem seinen Wert zugestehen, ermöglichen wir ihm, sich selbst als wertvoll zu erfahren und sich als gleichwertiges Glied unserer Gesellschaft zu fühlen.

Was macht eigentlich meinen Wert aus, wenn meine
Schwäche offenkundig ist?

⚬ ⚬ ⚬ ⚬ ⚬ ⚬ ⚬

Gerade wenn ich nichts mehr leisten kann, wird klar:
Auch in gesunden Tagen darf ich meinen Wert nicht in meiner Leistung sehen. Mein Wert besteht nicht in meinem
Nutzen für irgendwen oder irgendetwas. Er besteht in meiner Würde als Mensch. Diese Würde geht nicht verloren,
wenn ich alt und schwach oder krank oder arbeitslos bin.
Allerdings möchte ich meinen Wert auch darin zeigen, dass
ich nicht nur vor Gott wertvoll bin, sondern auch für andere Menschen.

Ich bin auch in meiner Krankheit wertvoll, wenn ich mich
mit dieser Krankheit aussöhne. Dann geht von mir etwas
Wertvolles aus. Dann gebe ich mit meinem durch die Krankheit eingeschränkten Leben Zeugnis für einen anderen Wert,
für den unendlichen Wert der Liebe. Ich kann in meiner
Krankheit durchlässig werden für Gott. Ich kann sie aus
Liebe zu den Menschen bewusst annehmen.

Meine eigene Mutter, die im Alter schwer erkrankt ist,
hat ihre Krankheit bewusst im Blick auf ihre Kinder und
Enkelkinder angenommen. Das hat sie davor bewahrt, über
ihre Krankheit zu jammern. Sie hat ihr vielmehr einen Sinn
gegeben. Und das hat es uns Kindern leichter gemacht, mit
ihr in ihrer Krankheit umzugehen. Ihre Krankheit hat uns
kein schlechtes Gewissen eingeimpft, dass wir etwa noch
mehr für sie hätten tun sollen. Wir haben vielmehr staunend
gesehen, wie sie durch die Krankheit an Reife und Weisheit
gewonnen hat, da ihr wahres Wesen und ihr unzerstörbarer
Wert noch klarer aufleuchteten.

Aber es gibt natürlich Kranke, die als „Pflegefälle" scheinbar nichts geben können, sondern nur auf Hilfe anderer angewiesen sind. Dennoch haben sie einen unantastbaren Wert. Ihre Geschichte, die wir vielleicht nicht verstehen, ist wertvoll. Sie haben als Mensch ihren Wert und ihre Würde, auch wenn sie dement sind und nicht mehr kommunizieren können. Wenn wir mit ihnen gut umgehen und sie in ihrer Würde achten, würdigen wir auch uns selbst und drücken unseren Glauben daran aus, dass wir unsere Würde als Mensch durch keine Krankheit und auch nicht durch unsere Schuld verlieren können. Gerade ein Kranker in seiner Schwäche und Hinfälligkeit kann uns zum Wegweiser ins Leben werden. Und auch für den schwer Schuldiggewordenen gilt: Auch er verliert nicht seinen Wert als Mensch. Auch ihm bleibt die Chance des Neubeginns.

. . . .

Es gibt viele, die in Beziehungen „investieren". Und die dann natürlich auch etwas, und zwar am liebsten mit Gewinn, zurückerhalten möchten. Dabei geht es nicht nur um materielle Zuwendungen, sondern auch um Gefühle. Die Enttäuschung lässt bei einer solchen Erwartungshaltung in der Regel nicht lange auf sich warten. Manche bemessen den Wert eines anderen vor allem danach, wie er ihr eigenes seelisches Wohlbefinden steigert oder wie er beim eigenen beruflichen Fortkommen nützlich sein kann. Es gibt Partnerschaften, Seilschaften, Verbindungen und Netzwerke, die so funktionieren. Und es gibt Manager, die von „Humankapital" reden, wenn sie vom Wert der Mitarbeiter für das Unternehmen sprechen. Die Frage nach dem Wert der anderen darf ich aber nicht aus einem reinen Nutzendenken stellen. Viele schätzen Beziehungen zu anderen so ein: Was ich für den andern tue, das erwarte ich auch von ihm. Doch dieses Rechnen verunmöglicht wahre Beziehung. Die anderen sind nicht nur wertvoll für mich, wenn sie mir auf meinem Weg helfen, wenn sie mir neue Beziehungen ermöglichen, wenn sie mein berufliches Fortkommen fördern. Damit würde ich Menschen verzwecken. Der Wert der anderen besteht in ihrer menschlichen Würde. Wenn ich sie achte, macht das auch mich selbst wertvoll. Wenn ich Menschen entwerte, werte ich immer auch etwas in mir selbst ab. Daher braucht es ein Gespür für den Wert der anderen, um selbst als wertvoller Mensch zu leben.

„Was sind mir die anderen wert?" Diese Frage zielt für mich auch noch in eine andere Richtung: Welchen Einsatz sind mir die anderen wert? Behandle ich sie nur gut, damit es mir gut geht? Oder setze ich mich für sie ein, weil sie für mich einen unantastbaren Wert haben? Jesus sagt von sich, dass er gekommen sei, um sein Leben für uns einzusetzen. Er setzte sein eigenes Leben aufs Spiel. Wir waren ihm einen hohen Einsatz wert. Und in der Geschichte des Christentums gibt es zahlreiche Heilige, die es ihm gleich gemacht haben. Das Bild von Maximilian Kolbe steht mir vor Augen, der im KZ sein Leben für einen anderen eingesetzt hat. Oder ich denke an die hl. Elisabeth von Thüringen, die sich auf Kosten der eigenen Gesundheit für die Armen und Kranken engagiert hat, weil sie in ihnen einen unantastbaren Wert gesehen hat. Sie hat – gemäß dem Wort: „Was ihr für einen meiner geringsten Brüder getan habt, das habt ihr mir getan" (Mt 25,40) – in den Armen und Kranken letztlich Christus selbst gesehen. Das war der höchste Wert, den sie in jedem Menschen gesehen hat: Er spiegelt Christus selbst wider. Ja, Christus ist in ihm, ist sein innerster Kern. Bei allem politischen, sozialen oder karitativen Einsatz für andere Menschen geht es immer um die Frage, was sie mir wert sind. Wenn ich von mir selbst absehen kann und mich für sie hingebe, weil sie es mir als Menschen, die als Kinder Gottes Brüder und Schwestern sind, wert sind, dann wird auch mein Leben letztlich wertvoll. Wer nur um seinen eigenen Wert kreist, dessen Leben verliert an Wert.

Wie sollen wir mit Schuld umgehen?
Mit unserer und der von anderen?

• • • • • • •

Für C. G. Jung bedeutet Schuld: an sich selbst vorbei-
leben, das eigene Leben verweigern. Schuld in diesem Verständnis meint, dass ich mir, dass ich den andern, dass ich
Gott etwas schuldig bleibe. Bei der Schuld können wir nie
genau trennen, wie weit es unsere eigene Schuld ist oder wie
weit wir nicht anders können, weil wir durch unsere Lebensgeschichte einfach Muster übernommen haben, die uns
prägen und uns daran hindern, das zu leben, was unserem
Wesen entspricht. Wir sind nie ganz frei, wenn wir schuldig
werden. Aber wir sind auch nie ganz unschuldig. Freiheit
und Unfreiheit, Schuld und Unschuld sind immer miteinander vermischt. Daher steht es uns nie zu, über andere zu
urteilen. Denn wir wissen nicht, aus welchen Voraussetzungen sie so handeln und so sind, wie sie sind. Über andere
sollen wir nicht urteilen. Wenn wir auf die eigene Schuld
schauen, sollen wir uns weder beschuldigen noch entschuldigen. Wenn wir uns beschuldigen, zerfleischen wir uns
selbst. Wenn wir uns entschuldigen, müssen wir nach immer
neuen Gründen suchen, warum wir unschuldig sind. Und
so kommen wir nie zur Ruhe.

Wir sollen unser Leben mit unserer Schuld und Unschuld Gott hinhalten und seiner Liebe aussetzen, damit
wir im Blick auf seine vergebende Liebe innere Ruhe finden. Wir haben in uns einen unbarmherzigen Richter, der
uns ständig schuldig spricht. Daher brauchen wir die Erfahrung der Vergebung Gottes, damit wir uns selbst vergeben
können.

Das Thema der Schuld hat seit jeher die Menschen bewegt. Zahlreiche Tragödien kreisen um das Thema Schuld. Dostojewskis Roman „Schuld und Sühne" erzählt bewegend davon. Viele haben das Gefühl, Schuld könne man nicht einfach so vergeben. Sie müsse gesühnt werden, damit der einzelne davon frei wird und damit die Gesellschaft von der Schuld gleichsam gereinigt wird. Doch da besteht die Gefahr, dass die Gesellschaft sich Sündenböcke wählt, auf die sie die Schuld der Gemeinschaft auflädt und sie gleichsam tötet, um sich selber von Schuldgefühlen zu befreien. Welche verheerenden Auswirkungen das haben kann, dafür gibt es in der Geschichte immer wieder und in der Gegenwart immer noch genügend Beispiele.

Die Griechen sprachen von der schicksalhaften Schuld. Der Mensch wird schuldig, ohne dass er absichtlich eine Straftat begeht oder bewusst die Schuld wählt. Auf Ödipus liegt der Fluch, dass er seinen Vater umbringt und seine Mutter heiratet. Die griechischen Dichter Sophokles und Euripides haben dieses Thema der schicksalhaften Schuld in großen Tragödien behandelt. In der Tragödie gibt es keine befreiende Lösung. Die Christen haben auf dem Hintergrund dieses Menschheitsthemas den Tod Jesu dann oft so gedeutet, dass Jesus unsere Schuld gesühnt hat. Wir tun uns heute schwer mit dieser Deutung. Doch für die Menschen der Antike war das eine befreiende Antwort auf die alte Frage, ob wir als Menschen nicht unheilsvoll für immer in die Schuld verstrickt bleiben. Die befreiende Botschaft des Christentums: Es gibt Vergebung, die uns von der Schuld und von nagenden Schuldgefühlen befreit.

Das Wort „Schuld" entstammt eigentlich dem rechtlichen und finanziellen Bereich. Schuld meint eine Verpflichtung.

Ich schulde dem andern die Zahlung des Kaufbetrages. Die Schuld muss im rechtlichen Bereich beglichen werden. Dann entsteht ein Gleichgewicht zwischen Gläubiger und Schuldner. Dieses Bild haben wir auch auf die Schuld angewandt, wenn wir durch unser Verhalten an andern schuldig werden, wenn wir sie verletzen, wenn wir sie in eine nachteilige Situation versetzen. Auch hier braucht es das Begleichen einer Schuld.

Das Volk Israel hatte den Eindruck, dass die Gemeinschaft des Volkes durch das schuldhafte Verhalten einzelner gefährdet wird. Daher brauchte es den jährlichen Ritus des Sündenbockes. Man hat einem Schafbock die Sünde des Volkes aufgeladen und ihn in die Wüste geschickt, dass er die Schuld des Volkes gleichsam wegtrage. Dieses Bild haben die Christen dann auf Jesus Christus angewandt. Er hat unsere Schuld gleichsam weggetragen. Es ist ein Bild, das viele Menschen befreit hat, wenn sie sich schuldig fühlten am eigenen Scheitern oder am Scheitern der Gruppe, in der sie lebten. Offensichtlich gibt es in der menschlichen Seele eine Sehnsucht nach Reinigung und Befreiung von Schuld. Doch die Rituale und Bilder, die die Menschheit für die Entsündigung entwickelt hat, müssen wir in ihrer Bildhaftigkeit verstehen. Sonst werden die Rituale der Entsühnung uns eher schaden.

Unsere Aufgabe heute bleibt es, das Thema der Schuld nicht zu verdrängen, sondern nach Wegen zu suchen, wie wir heute als aufgeklärte und in der Seele zugleich mit den alten Bildern und Strukturen behaftete Menschen mit Schuld und Vergebung, mit Schuld und Sühne umgehen und was uns hilft, uns von der belastenden Schuld zu befreien.

Wie kommt das Böse in die Welt?
Wie kann man es erklären?

● ● ● ● ● ● ●

Auf das Böse treffen wir täglich, wenn wir in die Welt schauen. Da werden uns Terrorakte im Fernsehen vor Augen geführt. Da sehen und hören wir von Morden, von Tyrannei und Ungerechtigkeit. Aber es gibt nicht nur das in die Augen fallende Böse von Hitler, Stalin, Mao oder Pol Pot. Es gibt auch die Banalität des Bösen, mitten in unserem Alltag. Es gibt das Böse in den Firmen. Da werden Menschen gemobbt und seelisch fertiggemacht. In der Nachbarschaft werden Menschen ausgelacht und abgestempelt. Und es gibt gerade bei jungen Menschen die Faszination durch das Böse und die Fixierung auf das Böse. Das Phänomen des Satanismus flackert gerade bei ihnen zwischendurch auf, es zeigt sich zum Beispiel in menschenverachtenden, aggressiven, sexualisierten und rücksichtslosen Formen der satanistischen Rockmusik. Wenn junge Menschen keinen Sinn in ihrem Leben sehen, sehen sie oft die Identifizierung mit dem Bösen als einzigen Ausweg. Manchmal ist es ihre Art, gegen die Gesellschaft und ihre Werte zu protestieren. Manchmal ist es auch ihre Verzweiflung am Guten. Also identifizieren sie sich mit dem Bösen, um sich überhaupt als stark und wertvoll zu erleben. Doch solche Identifikation mit dem Bösen macht den Menschen auf Dauer krank. Wir sollten jedoch nicht nur auf die Satanisten schauen. Die ganze Gesellschaft leidet an der Faszination des Negativen. Die Medien berichten uns wesentlich mehr vom Bösen als vom Guten. Offensichtlich interessieren sich die Menschen mehr für das, was die Maßstäbe des Menschlichen zerstört, als für das Wertvolle und Humane.

Woher kommt das Böse, das uns mit so vielen verschiedenen Augen anstarrt? Schon die Bibel versucht mit der Geschichte vom Sündenfall bildhaft zu erklären, wie das Böse in die Welt kommt. Gott hat die Welt gut erschaffen. Warum gibt es das Böse? Die Bibel spricht von der Schlange, die den Menschen verführt. Aber das ist ein Bild, das unsere letzte Frage nicht beantwortet. Warum und woher kommt die Schlange? Wird sie von Gott geschickt?

Das Böse bleibt letztlich Geheimnis. Wir können rationale Erwägungen anstellen, die uns das Böse erklären. Aber letztlich begreifen können wir es nicht. Eine Erklärung ist die, dass der Mensch frei ist und seine Freiheit auch missbrauchen kann. Eine andere: Der Mensch konnte es nicht aushalten, nicht wie Gott zu sein. Er wollte sein Angewiesensein auf Gott nicht annehmen. Es ist für ihn eine narzisstische Kränkung, nicht selber Gott zu sein. Das Böse kommt demnach in die Welt, weil der Mensch sich als Gott oder Götze aufspielt.

Eine andere Erklärung versucht die Psychologie. Für sie ist das Böse eine Fehlentwicklung und misslungene Verarbeitung von frühkindlichen Verletzungen. Das Böse entsteht, wenn die Triebbedürfnisse aufgrund übermäßiger Versagungen Formen annehmen, die das Zusammenleben bedrohen. Ein verletztes Kind gibt die Verletzungen an andere weiter. Wer seine Verletzungen nicht aufarbeitet, agiert sie bei anderen Menschen aus. Manchmal ist das Böse der an irgendeinem Menschen ausagierte Vaterhass. Er kann so zerstörerisch und blind werden, dass er ein ganzes Volk ins Verderben reißt, wie wir das in der Geschichte bei manchem tyrannischen Machthaber gesehen haben.

All diese Erklärungen lassen uns etwas ahnen vom Geheimnis des Bösen. Aber es bleibt rational nicht auflösbar.

Worin beruht die Faszination des Bösen?
Kann sich das Böse auch des Guten bedienen?

●　●　●　●　●　●　●

Die Faszination des Bösen hat viele Gründe. Ein Grund ist die Macht, die das Böse gibt. Das ist schon ein altes Thema in den Märchen und in der Literatur. Wer mit dem Teufel einen Bund schließt, der hat kurzfristig eine große Macht über Menschen. Ihm gelingt alles. Doch irgendwann wird diese Macht mit dem Leben bezahlt. Oder wie es Thomas Mann in Doktor Faustus ausdrückt: Die Macht wird mit einem kalten Herzen erkauft. Ein anderer Grund für die Faszination des Bösen ist die Lust am Verletzen. Wenn ich einen anderen Menschen verletze und kränke, dann ist das gerade für Menschen, die selbst in ihrer Kindheit verletzt worden sind, eine innere Genugtuung. Sie fühlen sich nur am Leben, wenn sie andere verletzen. Doch die kurzfristige Faszination wird wiederum erkauft durch die Unfähigkeit, mit sich in Einklang zu kommen und wirklich glücklich zu werden.

Dass das Böse oft in der Maske des Guten und Nützlichen daherkommt, ist auch ein Thema der Literatur. Der Teufel kommt in der Gestalt eines Lichtengels, um den Menschen zu verführen. Der Tyrann bedient sich gutwilliger Mitläufer und harmloser Menschen, die gar nicht merken, wie sie vom Bösen instrumentalisiert werden. Das Böse hat immer leichten Zugang zu Menschen, wenn es ihnen etwas verspricht, was wertvoll scheint: etwa höher auf ihrer Karriereleiter zu gelangen oder mehr Macht und Einfluss zu haben.

Die frühen Mönche sagen: „Alles Übermaß ist von den Dämonen." Das Böse kann sich also auch in das Gewand des Guten kleiden und das Gute maßlos verkünden oder leben. Wenn einer nur fromm ist, kann die Frömmigkeit leicht aggressiv und rechthaberisch und verletzend werden. Viele Frommen merken gar nicht, dass sie im Namen Gottes über andere herrschen, sie verurteilen, ja sie sogar morden. Das Böse, das in der Gestalt des Guten und Frommen daher kommt, ist am schwersten zu bekämpfen. Und die Menschen, die sich dem Bösen unter dem Deckmantel des Guten verschrieben haben, sind gleichsam therapieresistent. Sie sind kaum zu überzeugen. Das Böse unter dem Gewand des Guten ist eine teuflische Maske.

● ● ● ● ● ● ● ●

In den siebziger Jahren hat der Schweizer Alttestamentler Herbert Haag ein Buch veröffentlicht mit dem Titel „Abschied vom Teufel". Dagegen hat damals der atheistische Philosoph Ernst Bloch protestiert und dem Autor Naivität vorgeworfen. An den Teufel brauchen wir nicht zu glauben, sagt er. Er ist einfach eine Realität. Dabei spricht Bloch von der Realität des Teufels, aber nicht von der Person des Teufels. Der Teufel steht für die Wirklichkeit und die Abgründigkeit des Bösen. Das Böse ist mehr als ein paar schlechte Gedanken. Es ist das Destruktive, Zerstörerische schlechthin und erscheint dem Menschen oft wie eine Macht, die Besitz von ihm ergreift.

Wir sprechen vom Menschen nur dann richtig, wenn wir auch dem Bösen offen ins Auge sehen. Allerdings gibt es auch da Menschen, die ständig vom Teufel sprechen, weil sie Angst haben vor dem Teufel in der eigenen Seele. Sie sind gleichsam fixiert auf den Teufel, weil sie das Böse in sich verdrängt haben und es nun ständig in alles, was sie wahrnehmen, projizieren müssen.

Das Christentum verkündet nicht das Ende des Bösen, sondern seine Überwindung. Am Kreuz hat sich das Böse der Welt ausgetobt. Die Kreuzigung Jesu war Ergebnis des Bösen: einmal von Frommen, die sich in ihrer Frömmigkeit eingerichtet haben und blind waren für eine neue Botschaft; dann von Mächtigen, die feige waren und sich nicht um Recht und Gerechtigkeit kümmerten, sondern nur um den eigenen Vorteil; dann von rohen Soldaten, die ihre Bosheit an einem Schwachen austoben konnten.

Doch das Kreuz sagt zugleich auch dies: Dort, wo sich das Böse der Welt am deutlichsten gezeigt hat, hat die Liebe Gottes gesiegt. Jesus hat das Böse überwunden, indem er selbst seinen Mördern noch vergeben und sich in seinem Leid in die liebenden Arme des Vaters ergeben hat. Das Kreuz nimmt also die Realität des Bösen ernst. Aber zugleich verkündet es uns, dass das Böse keine letzte Macht mehr hat.

Doch solange wir leben, sind wir in der Auseinandersetzung mit dem Bösen. Die Botschaft des Christentums ist: Der Mensch ist dem Bösen nicht bedingungslos ausgeliefert. Er kann gegen das Böse kämpfen und es verwandeln. Die Liebe ist stärker als das Böse. Es ist die Aufgabe echter Menschwerdung, das Gute in sich zu entfalten und dem Bösen die Macht zu nehmen.

● ● ● ● ● ● ● ●

Die Bibel schildert uns oft Menschen, die zum bösen Handeln gedrängt werden und darin gar nicht frei entscheiden. Das beginnt schon bei der Schlange, die Adam und Eva verführt. Auch Kain, der seinen Bruder Abel erschlägt, hat sich nicht in voller Freiheit dafür entschieden. Der Zorn, der in ihm hochstieg, hatte soviel Macht über ihn, dass er offensichtlich nicht anders konnte. Wenn die Bibel also vom Bösen erzählt, dann zeigt sie uns nicht nur die typischen Entscheidungssituationen, in der der Mensch sich frei entscheidet zwischen dem einen Weg oder dem andern.

Solche Situationen der Wahlfreiheit gibt es allerdings auch in der Bibel. Vor allem die Propheten stellen den Menschen vor die Alternative, sich für das Gute zu entscheiden. So heißt es beim Propheten Micha: „Es ist dir gesagt worden, Mensch, was gut ist und was der Herr von dir erwartet: Nichts anderes als dies: Recht tun, Güte und Treue lieben, in Ehrfurcht den Weg gehen mit deinem Gott." (Mich 6,8) Es gibt also immer beides: das Gute, für das ich mich entscheiden muss, indem ich mich gegen das Böse entscheide. Und das Böse, das gleichsam über mich kommt und mich bestimmt, bevor ich mich entscheiden kann.

Wir können nie urteilen, wie viel Freiheit jeweils mit dem Bösen verbunden ist, das wir von außen wahrnehmen. Oft sind Menschen böse, weil sie zutiefst verletzt worden sind, weil der Hass des Vaters sie zu einem abgrundtiefen Hass gegen jeden Menschen geführt hat. Dann kann das böse Verhalten krankhaft neurotisch sein. Es gibt sicher auch noch tiefere Gefährdungen, psychotische Veranlagungen, die das gesunde Urteilsvermögen beeinträchtigen und auf das Böse fixiert sind. Aber wir dürfen das Böse nicht einfach mit Erziehung und Veranlagung erklären. Wie viel Freiheitsraum der Mensch hat, der in der Erziehung sehr verletzt worden ist und normalerweise diese Verletzung an andere weitergibt, das können wir nicht sagen. Aber dass der Mensch einfach nur festgelegt ist, fortwährend das Böse tun zu müssen, stimmt so nicht mit unserer Erfahrung überein. Auch wenn die Freiheit eingeschränkt ist, ist sie immer in Ansätzen vorhanden. Und unsere Aufgabe ist es, in diesem – oft genug engen – Raum der Freiheit uns für das Gute und gegen das Böse zu entscheiden. Nur dann kommen wir in Einklang mit uns selbst. Denn die Entscheidung für das Böse schadet letztlich uns selbst. Wir tun uns selbst damit nichts Gutes.

Ist es realistisch, an die Überwindung der Gewalt durch die Liebe zu glauben?

● ● ● ● ● ● ●

Zunächst nehmen wir wahr, dass die Gewalt zunimmt. Die Berichte über terroristische Gewalt, die kriminelle Gewalt und die Gewalt unter Jugendlichen häufen sich. Wir können die Augen davor nicht verschließen. Und wir können feststellen, dass das organisierte Verbrechen immer weitere Kreise zieht und immer mehr Bereiche des öffentlichen Lebens beeinflussen möchte. Trotzdem gebe ich die Hoffnung nicht auf, dass die Liebe stärker ist als die Gewalt. Die Gewalt wird nicht ganz aus der Welt verschwinden. Das anzunehmen, wäre für mich unrealistisch. Aber ich resigniere nicht. Ich glaube an die Kraft des Guten und an die Kraft der Liebe. Wenn die Christen ihre Liebe auch öffentlich zur Geltung bringen, ohne naiv die Augen zu verschließen vor der Realität der Gewalt, dann wird es immer wieder den Sieg der Liebe geben. Dieser Sieg wird allerdings nie endgültig sein. Das Böse ist einfach in der Welt. Gewalt ist ja oft die Folge von Verletzungen, die Menschen erlitten haben und die sie nun anderen Menschen, die gar nichts mit ihren Verletzungen zu tun haben, heimzahlen möchten. Wenn es stimmt, dass verletzte Kinder weiter verletzen, dann ist es umso wichtiger, die Kinder mit Liebe zu erziehen, damit die Verletzungen sich nicht immer weiter vermehren. Es braucht den Glauben und die Hoffnung, um der Liebe zu trauen, die nach und nach verletzte Kinder zu heilen vermag und dadurch Gewalt verhindert und die Spirale immer neuer Verletzungen durchbricht.

Die Gewalt, die durch terroristische oder kriminelle Verbände in der Welt herrscht, braucht auf der einen Seite eine kraftvolle Antwort. Es muss klare Grenzziehungen geben, die unmissverständlich deutlich machen, dass die Gesellschaft solche Gewalt nicht akzeptiert. Auf der anderen Seite dürfen wir uns nicht von gewalttätigen Gruppierungen die Spielregeln vorschreiben lassen. Wir müssen uns – auch wenn wir kraftvoll reagieren – immer wieder auf den inneren Frieden und die innere Freiheit zurückziehen, um nicht mit Hass zu reagieren, sondern mit Liebe. Liebe lässt dem andern bei aller Konsequenz immer noch die Möglichkeit zur Umkehr. Und wir müssen versuchen, tiefer zu sehen und uns fragen, woher diese kriminelle Energie kommt und was wir tun können, damit die Ursache des Brandes bekämpft wird. Die Ursache liegt oft in Ängsten und Minderwertigkeitskomplexen. Ich bin überzeugt: Die wahre Überwindung der Gewalt geschieht auf geistige und geistliche Weise. Wir müssen der Kraft des Geistes und der Liebe trauen. Die intelligente und letztlich wirksame Antwort auf die Welle der Gewalt liegt gerade darin.

Wie kann man sich wehren gegen Bosheit und Aggression?

• • • • • • • •

Jesus gibt uns den Rat, die andere Wange hinzuhalten, wenn uns jemand auf die rechte Wange schlägt. Damit meint er nicht, dass wir das Böse einfach gewähren lassen. Es braucht in unserer Welt den Widerstand gegen das Böse. Sonst würde die Welt bald ganz in der Hand böser Menschen sein. Auf die rechte Wange schlagen ist für die Juden nicht Zeichen von Gewalt, sondern von Entehrung. Man hat den andern nicht mit der Handfläche geschlagen, sondern verächtlich mit dem Handrücken gestreift. Jesus will damit sagen: Wenn du deine Ehre in Gott hast, dann kann dir ein Mensch deine Ehre gar nicht rauben. Du musst deine Ehre gar nicht verteidigen. Du kannst ruhig auch die andere Wange hinhalten. Es ist also ein Zeichen von innerer Überlegenheit und nicht von Schwäche, die andere Wange hinzuhalten.

Das bedeutet aber nicht, dass ich die Aggression des andern einfach passiv hinnehme. Ich darf mich wehren und verteidigen. Aber ich soll nicht mit gleicher Waffe zurückzahlen. Sonst gibt es einen Dauerkonflikt. Die Frage ist, wie ich gewaltlose Wege finde, die Aggression des andern zu überwinden. In der Traumaforschung wird uns geraten, uns an einen „sicheren Ort zurückzuziehen, an dem uns das Böse nicht erreicht". Das ist sicher ein guter Weg, sich der Macht des Bösen zu entziehen. In jedem von uns ist ein innerer Raum der Stille, in dem Gott in ihm wohnt. Und dort, wo Gott in uns wohnt, hat das Böse keinen Zutritt. Dort kann es nicht Macht über uns gewinnen. Und dort vermag es uns auch nicht zu verletzen oder zu gefährden.

Bin ich wirklich frei? Und in welcher Beziehung?
Oder ist meine Freiheit Illusion?

● ● ● ● ● ● ●

„Leben wie jeder will", so hat Aristoteles Freiheit definiert. Er meinte damit Möglichkeit, an der Gestaltung des Gemeinwesens mitzuwirken. Das galt in der Antike nur für einen kleinen Personenkreis. Das Christentum hat dazu beigetragen, dass auch die politische Freiheitsvorstellung erweitert wurde, weil es den einzelnen Menschen unmittelbar auf Gott bezog. Wie frei aber der menschliche Wille und das menschliche Handeln wirklich sind, dazu haben die Denker immer wieder unterschiedliche Positionen formuliert.

Die Philosophie sagt, dass der Mensch frei ist und sich frei entscheiden kann für das Leben oder für den Tod. Doch die Psychologie sieht diese Freiheit sehr eingeschränkt. Sie weiß, wie oft die Freiheit eine Illusion ist. Wir meinen, wir würden uns frei entscheiden. Aber in Wirklichkeit wiederholen wir alte Lebensmuster, die wir von Eltern und Großeltern übernommen haben.

Die Hirnforschung hat unseren Begriff von Freiheit nochmals in Frage gestellt. Sie beobachtet, wie Entscheidungen im menschlichen Gehirn ablaufen. Allerdings kann die Hirnforschung nur beobachten, welche Instrumente während der Entscheidungsfindung im Gehirn genutzt werden, sie kann kein letztes Urteil über die Freiheit des Menschen abgeben.

Wir müssen aber trotzdem die Ergebnisse der Psychologie und der Gehirnforschung berücksichtigen, damit wir nicht naiv über die Freiheit sprechen.

Natürlich sind wir geprägt – durch unsere persönliche Lebensgeschichte, durch unsere Gene, durch unsere Gehirnstruktur. Dennoch dürfen wir sagen, dass es eine letzte Freiheit gibt: Wir können uns für das Leben oder gegen es entscheiden. Wenn wir morgens aufstehen, liegt es in unserer Freiheit, wie wir zu unserem Leben heute stehen. Es liegt an uns, Ja zu sagen zu diesem Tag oder aber zu jammern, dass wir das oder jenes tun müssen und in unserer Freiheit eingeschränkt sind. Wir haben keine absolute Freiheit, aber doch eine relative. Und in dieser Freiheit entscheiden wir letztlich über uns selbst.

Dieser Gedanke ist natürlich nicht neu. Schon die stoische Philosophie der Antike hat immer wieder die Freiheit betont, die wir auch in dem haben, was uns vorgegeben ist. Wir können uns die Krankheit oder das Alter nicht aussuchen. Aber wie wir dazu stehen, das liegt in unserer Freiheit. Und die letzte Freiheit besteht darin, das, was uns vorgegeben ist, innerlich zu bejahen und uns darin für den zu entscheiden, von dem wir unser Leben annehmen.

Die Bibel sieht Freiheit noch einmal anders. Paulus hat die Existenz des Menschen so erfahren, dass er unter einem Zwang steht. Da ist einmal der Zwang, sich ständig vor andern beweisen oder sich vor Gott rechtfertigen zu müssen. Dann gibt es die Sünde als eine Macht, die uns im Griff hat. Wir tun nicht das Gute, das wir wollen, sondern das Böse, das wir nicht wollen (vgl. Röm 7,15ff). Freiheit besteht für Paulus in einer befreiende Erfahrung, die er in der Begegnung mit Christus gemacht hat. Wir brauchen unseren Wert nicht mehr zu beweisen. Wir sind bedingungslos angenommen. Diese Erfahrung hat Paulus den Galatern zugerufen: „Zur Freiheit hat uns Christus befreit." (Gal 5,1) Wer in

Gott seinen Grund hat, der ist frei von der Macht der Menschen. Er richtet sich nicht nach ihren Erwartungen und Maßstäben. Diese Erfahrung ist letztlich die tiefste Erfahrung von Freiheit. Denn jetzt stehe ich nicht mehr unter der Herrschaft von Menschen. Sie können zwar äußerlich über mich herrschen, aber nicht über mein wahres Selbst. Das ist Freisein. Und von daher bestimmt sich auch der Sinn menschlichen Lebens neu.

Wieso fragen Menschen nach dem Sinn?

● ● ● ● ● ● ●

„Den Sinn des Lebens gibt es nicht. Wer nach dem Sinn des Lebens fragt, ist krank", hat Sigmund Freud geschrieben. Aber genauso wie der Mensch nach Glück strebt oder sich nach Freiheit sehnt, so ist es ein Urbedürfnis des Menschen, nach dem Sinn zu fragen. Ohne Sinn hat der Mensch offensichtlich zu wenig Motivation, um erfüllt leben zu können. Der jüdische Psychotherapeut und Psychiater Viktor E. Frankl hat die Gegenposition zu seinem Lehrer Sigmund Freud vertreten. Er selber hat im Konzentrationslager während des Dritten Reiches erfahren, dass diejenigen Häftlinge eher überlebten, die in ihrem Leben einen Sinn fanden und unter schwierigsten Umständen „trotzdem Ja zum Leben" sagten. Nach seiner Befreiung hat er daher eine eigene Richtung der Therapie entwickelt, die sogenannte Logotherapie. Sie geht vom Sinn (= logos) aus. Frankl ist davon überzeugt, dass der Mensch als geistiges Wesen Lebenssinn genauso dringend braucht wie Nahrung und Wasser. Viele Menschen, so sagt er, werden heute gerade deswegen krank, weil sie keinen Sinn mehr im Leben finden.

Frankl spricht von drei Werten, die unserem Leben Sinn verleihen:

Das sind zunächst einmal die Erlebniswerte. Wenn ich etwas Schönes erlebe, frage ich in diesem Augenblick nicht nach dem Sinn, dann ist das Leben einfach sinnvoll und erfüllt.

Das zweite sind die schöpferischen Werte. Wenn ich kreativ bin, wenn mir etwas gelungen ist, dann empfinde ich das Leben auch als sinnvoll.

Und das dritte sind die Einstellungswerte. Ich kann auch in Krankheit oder in schwierigen Situationen, wie einer ungerechten und brutalen Gefangenschaft, einen Sinn in meinem Leben finden. Es liegt an der Einstellung zur Krankheit, zur Gefangenschaft, zu dem, was mir vorgegeben ist. Frankl spricht in diesem Zusammenhang von der „Trotzmacht" des Geistes, der dem äußeren Druck etwas Kraftvolles entgegensetzen kann. Es ist demnach meine geistige Aufgabe, in meiner Krankheit, in meinem Leid einen Sinn zu sehen oder ihm einen Sinn zu verleihen.

Das deutsche Wort „Sinn" kommt vom althochdeutschen „sinnan", das „reisen, streben, gehen" bedeutet. Wir suchen nach einem Sinn, weil unser Leben ein beständiger Weg ist. Wir wollen nicht ziellos reisen.

Was ist nun der Sinn des Lebens? Sollen wir uns den Sinn selbst suchen und machen, oder ist er uns vorgegeben? Die Alternative ist wohl falsch gestellt.

Für mich besteht der Sinn des Lebens zum einen darin, dass wir das einmalige Leben leben, das Gott uns zugedacht hat. Zum anderen aber müssen wir auch in unserem Tun einen Sinn entdecken. Warum stehe ich jeden Morgen auf und tue es mir an, mich an die Arbeit zu machen, mich für Menschen einzusetzen?

Was ist der Sinn meines Lebens? Es ist eine Frage, der wir nicht ausweichen sollten. Wir müssen uns immer wieder klarmachen: Was ist eigentlich das Ziel, wofür wir uns einbringen? Erst wenn wir uns dieser Frage stellen, wird unser Leben sinnvoll und erfüllt.

Für Viktor Frankl hat das Leben nicht von sich aus einen Sinn. Vielmehr kommt es auf jeden Menschen an, dass er seinem Leben einen Sinn gibt. Das gilt vor allem für schwierige Wegstrecken in seinem Leben. Dort erkennen wir kaum einen Sinn. Doch gerade darin liegt die Leistung unseres Geistes, dass wir auch dort unserem Leben einen Sinn geben. Dieser Sinn kann nicht beliebig sein. Er muss dem Wesen unseres Menschseins entsprechen. Und zu diesem Wesen gehört, dass wir in Freiheit reagieren können auf das, was uns vorgegeben ist. Wir können dagegen rebellieren oder es annehmen und daraus etwas machen, was sinnvoll ist.

Sinn hat auch mit Beziehung zu tun. Ich kann den Sinn meines Lebens finden, wenn ich mir klarmache: „Was möchte ich anderen Menschen mit meinem Leben eigentlich vermitteln? Was ist die tiefste Motivation, die mich täglich antreibt, das zu tun, was ich tue, was ist der Grund, um mich anzustrengen? Was ist die Botschaft, die ich anderen mit meinem Leben künden möchte?" Sinn zeigt sich also auch hier wieder im Absehen von der Beschränkung auf das Ego und in der Beziehung zu anderen.

Worauf kann ich mich verlassen?
Macht Glauben Sinn?

• • • • • • • •

Alles ändert sich rasend schnell und mit großem Getöse. Das ist eine Erfahrung besonders unserer Zeit. Um im Trubel der Ereignisse einen festen Stand zu finden, muss ich erst einmal stehenbleiben, anstatt immer weiterzuhetzen. Stehenbleiben heißt: still werden. Das Wort „Stille" kommt von „stellen". Wenn ich diesem Zusammenhang nachmeditiere, zeigt sich eine erste Antwort auf die Frage: Ich stelle mich hin, um auf die Stille zu horchen, die um mich herum und die in mir ist. In der Stille bekomme ich einen festen Stand. Ich halte es aus bei mir. Ich weiß mich getragen. Wenn ich stehenbleibe, kann ich mich fragen: Was gibt mir Stand? Was sind meine Wurzeln, die mir Sicherheit geben? Ich habe teil an den Wurzeln der Eltern und Großeltern, an den Wurzeln der Menschen in meiner Heimat. Ihre Lebenseinstellung, ihre Art und Weise, auf die Probleme und Konflikte des Lebens zu reagieren, haben sich in mich eingeprägt. Sie geben mir Festigkeit – einen gewissen Stand. Ich habe Stehvermögen, wenn ich zu mir stehen kann, so wie ich bin. Für mich einstehen, zu mir stehen, das sind die Voraussetzungen, mitten in der Hektik der Zeit einen festen Stand zu finden. Ich muss mich nicht ständig nach den andern richten. Ich bleibe in dem stehen, der ich bin.

Auch der Glaube kann mitten in der Hektik der Verhältnisse und im turbulenten Wechsel der Möglichkeiten einen guten Stand geben. Der Hebräerbrief definiert den Glauben als „Feststehen in dem, was man erhofft". (Hebr 11,1) Glauben heißt: einen guten Stand haben, feststehen können, ohne mich nach dem Wind der täglich wechselnden Meinungen drehen zu müssen. Beim Propheten Jesaja wird Glauben und Stehen zusammen gesehen: „Glaubt ihr nicht, so bleibt ihr nicht, so habt ihr kein Stehvermögen." (vgl. Jes 7,9) Paulus spricht davon, dass wir im Glauben feststehen sollen. Wir stehen in einer größeren Wirklichkeit, die uns Halt gibt mitten in der Haltlosigkeit der Welt.

Erst wenn ich still stehe, kann ich mich fragen: Worauf kann ich bauen? Sind es die Menschen und ihre Zuwendung? Die geben nur bedingt festen Stand. Letztlich werde ich bei allem, wonach ich Ausschau halte, auf einen letzten Grund stoßen, auf Gott. Jesus spricht davon, dass wir unser Haus auf den Felsen seiner Worte bauen sollen und nicht auf den Sand unserer Illusionen, etwa auf den Sand der Illusion, wir könnten von der Zustimmung und Zuwendung der Menschen leben.

Wir müssen also aus der Zeit heraustreten, um in ihr einen festen Stand zu finden. Der Glaube ist ein Heraustreten aus dem Strudel, um einen festen Grund zu finden, auf dem wir das Haus unseres Lebens bauen können, ohne dass es einstürzt. Wenn ich einen festen Stand im Glauben habe, dann kann ich auch in eine gute Beziehung treten, in die Beziehung zu Gott, in dem ich stehe, aber auch in Beziehung zu mir selbst und zu den Menschen. Psychologen meinen, die Krankheit unserer Zeit sei die Beziehungslosigkeit. Viele hätten weder zu sich selbst eine Beziehung, noch zu den Dingen, noch zu den Menschen oder zu Gott. Für mich ist der Glaube vor allem die Fähigkeit, alles in meinem Leben in Beziehung zu setzen zu Gott und letztlich selbst immer in Beziehung zu sein, in Beziehung zur Transzendenz und in Beziehung zu dem Boden, auf dem ich stehe, zu mir selbst und zu den Menschen, die sich neben mich stellen, um mir zu begegnen und in der Begegnung ihren eigenen Stand zu finden.

Wenn sich alles so rasant ändert – kann man sich überhaupt auf etwas verlassen?

● ● ● ● ● ● ● ●

Immer schnellere und immer tiefgreifendere Änderungen auf allen Ebenen und in allen Lebensbereichen bestimmen unsere Zeit. Wissen veraltet immer schneller. Technische Standards werden in immer hektischeren Zyklen revolutioniert. Auch soziale Gefüge, die noch zur Zeit unserer Eltern fest schienen, geraten in Auflösung. Bei all diesen Änderungen gibt es aber doch auch Unveränderliches, was in aller Flüchtigkeit bestand hat. So gibt es Werte, die bleiben. Die vier Kardinaltugenden, die die griechische Philosophie beschrieben hat, gelten auch heute noch: Gerechtigkeit, Tapferkeit, Mäßigung und Klugheit. Die Werte des Glaubens gelten auch heute noch: Glaube, Hoffnung und Liebe. Die Überzeugung, dass die Würde des Menschen unantastbar ist, ist zeitlos. Moden wechseln, Meinungen ändern sich, eine Strömung des Zeitgeists löst die andere ab. Darauf kann man sich nicht verlassen. Daher ist es wichtig, selber zu denken und nicht einfach nur die Gedanken der anderen zu übernehmen. Es ist wichtig zu wissen: Ich bin nicht auf Moden angewiesen und kein Produkt des Zeitgeists. Bei allem, was mir von außen entgegentritt, frage ich mich daher: Entspricht das meinem Denken? Kann ich das genauso sehen? Wie fühle ich mich, wenn ich das oder jenes höre? Ist das nur eine Mode-Meinung oder rührt es etwas in meinem Herzen an? Wenn unser Wissen sich immer schneller verändert, bleibt doch die Überzeugung: Wir können uns auf das verlassen, was der Weisheit entspricht, wie sie seit jeher von Menschen verkündet worden ist. Das heißt nicht, dass wir nichts Neues zulassen. Die Weisheit verlangt auch immer neu nach Wissen. Aber sie hat in sich ein Maß bereit, das zeigt, ob das Wissen dem Menschen nutzt und dem Wesen der Schöpfung und dem Geheimnis Gottes entspricht.

Wir erfahren im Alltag, dass wir uns auf Menschen oft nicht verlassen können. Da hat uns jemand Treue geschworen. Und doch verlässt er uns. Ein anderer scheint einen klaren Stand und eine überzeugende Meinung zu haben, doch dann verwickelt er sich in Skandale. Politiker richten sich nach dem Wind. Gerade in dieser Situation ist es wichtig, nicht zynisch, ironisch oder gar mit Resignation zu reagieren. Es gibt immer auch Menschen, auf die man sich wirklich verlassen kann, die einem nicht zu viel versprechen, die ehrlich und zugleich treu sind. Und es gibt einen letzten festen Grund meines Lebens, auf den ich mich verlassen kann: Sogar wenn ich mich selbst verlasse, weil ich es nicht bei mir aushalte, verlässt mich Gott nicht.

Für Kinder ist Verlässlichkeit besonders wichtig. Für sie ist es wichtig, darauf vertrauen zu können und daran zu glauben, dass ihr Engel sie nicht verlässt, auch wenn Eltern sie verlassen, dass ihr Engel mit ihnen geht und sie aushält, auch dort, wo sie sich selbst nicht aushalten können. Ein solches tiefes Vertrauen ermöglicht es ihnen, zu sich zu stehen und ihre Person zu entfalten. Nur solches Trauen gibt ihnen mitten in einer unsicheren Welt einen guten Stand. Menschen, die nie Verlässlichkeit erfahren haben, werden oft zu „Borderline-Patienten". Sie haben keinen Halt. Und es braucht lange, bis sie Stabilität gewinnen.

Die Erfahrung zeigt, dass kein Mensch ohne Vertrauen leben kann. Selbst wenn er von anderen Menschen immer wieder enttäuscht worden ist, sehnt er sich nach Menschen, denen er vertrauen kann. Er hat in sich die Ahnung, dass er das Vertrauen braucht, um überhaupt einen festen Stand in dieser Welt zu haben. Und wenn ihn die Menschen immer wieder enttäuschen, dann sucht er sich einen anderen Halt. Auch das Vertrauen in Gott braucht normalerweise die Erfahrung menschlichen Vertrauens. Aber es gibt auch die Erfahrung, dass mangelndes menschliches Vertrauen uns dazu führt, unser Vertrauen in ihn zu setzen. Zumindest hat jeder in sich die Sehnsucht, vertrauen zu können. Und in der Sehnsucht nach Vertrauen ist schon anfanghaft Vertrauen in uns.

Es geht darum, Vertrauen zu gewinnen, Vertrauen zu vermitteln und zu stärken. Wir sollten gerade in einer Welt des ständigen Wandels selber Garanten der Zuverlässigkeit für andere werden. Das wird die Welt sinnvoller und besser machen.

Kann ich mich auf mich selber verlassen?

• • • • • • •

Wir erleben uns oft als unzuverlässig. Wir sind uns selbst nicht treu. Wir haben uns allerhand vorgenommen und spüren, dass wir trotz bester Vorsätze immer wieder in die alten Fehler fallen. Wir haben andern viel versprochen und halten es dann doch nicht. Auf unsere eigene Kraft können wir uns nicht verlassen. Die bricht oft genug zusammen. Aber zum Glück machen wir nicht nur solche Erfahrungen: In uns ist nicht nur die eigene Energie. In uns ist auch eine andere Kraft: die Gnade, die uns geschenkt ist. Auf sie können wir uns verlassen.

Wir entdecken in uns verschiedene Meinungen, Gefühle, Richtungen, nach denen wir uns ausstrecken. Unsere Stimmungen sind widersprüchlich und wechseln. Und wir spüren, dass wir uns oft genug ändern. Was wir vor zehn Jahren für heilig und unumstößlich gehalten haben, das gilt uns heute nicht mehr. Da ist es verständlich, dass manche, auch wenn sie nicht über den Zusammenhang nachdenken, an sich verzweifeln und sich lieber an irgendwelchen äußeren Autoritäten festklammern, an einem politischen Führer oder einem spirituellen Guru.

Und dennoch gibt es etwas in uns, auf das wir uns verlassen können. Wenn ich mich in die Stille begebe und in mich hineinhorche, höre ich erst einmal viele Stimmen. Ich spüre: Auf sie kann ich mich nicht verlassen. Aber wenn diese Stimmen verfliegen, wenn ihr Gewirr sich verflüchtigt, werden leise Stimmen in mir hörbar. In diesen leisen Impulsen meiner Seele spüre ich eine innere Stimmigkeit. Und ich spüre: Auf diese zarten Impulse kann ich mich verlassen. Ich halte sie erst noch einmal Gott hin, um im Gebet zu überprüfen, ob ich mir selbst etwas vormache. Im Gebet spüre ich die Qualität dieser leisen Stimmen in mir. Ich lasse mich ein auf den Geschmack dessen, was sie mir bedeuten. Wenn sie mich in größere Lebendigkeit, Freiheit, Frieden und Liebe hineinführen, dann sind sie von Gott. Dann kann ich mich darauf verlassen. Nur wenn sie mich eng machen, mich überfordern und in mir Angst auslösen, stammen sie eher aus dem eigenen Über-Ich: Dieses Über-Ich ist die unbewusste Instanz, die die Verbote der elterlichen Autorität und die Gebote der Gesellschaft in mir repräsentiert. Und dem soll ich nicht unbedingt trauen. Denn das meint es nicht immer gut mit mir.

Dort, wo ich mit meinem innersten Wesen in Einklang bin, bin ich auch eins mit Gott. Und da erlebe ich, dass ich mich auf den Gott in mir verlassen kann und durch Gott auch auf mein wahres Selbst.

● ● ● ● ● ● ●

Glaube hat verschiedene Aspekte. Einmal sind wir in ein Glaubenssystem hineingewachsen, das nicht nur durch die Dogmatik der Kirche geprägt ist, sondern durch den gelebten Glauben unserer Vorfahren. In dieser Glaubenstradition haben wir eine gewisse Sicherheit mitbekommen. Diese Tradition ist schon eine gebündelte Form der Antworten auf Fragen, die Menschen immer gestellt haben. Sie zeigt uns, wie wir auf die Herausforderungen des Lebens reagieren können, auf Krankheit und Leid, auf Enttäuschung und Scheitern, auf Konflikte und Unsicherheit, auf die Erwartungen von außen und von innen. Dieser Glaube prägt unser Denken und Fühlen von innen her. Aber er ist wenig reflektiert. Wenn wir selber zu denken anfangen, stellen wir dieses uns überlieferte Glaubenssystem in Frage. Aber wir dürfen es nicht geringschätzen. Unsere eigenen Wurzeln gründen im Humus dieser Tradition und geben uns Halt. In jedem Leben kommt aber ein Punkt, an dem wir uns erst einmal von dem abwenden, was wir mitbekommen haben. Und das ist nicht falsch: Wir sollen es kritisch hinterfragen. Aber nach diesem Hinterfragen sollen wir auch prüfen, was in dem Überlieferten an Gutem war und wie weit es uns heute – auf bewusste Weise gelebt – Halt zu geben vermag.

Ein anderer Aspekt liegt darin: Der Glaube deutet unsere Wirklichkeit. Er ist keine letzte absolute Gewissheit und bietet keine letzte absolute Sicherheit. Es gibt keinen Glauben ohne Zweifel. Aber es gibt auch keinen Nicht-Glauben ohne Zweifel. Die Frage ist, ob dieser Glaube der Wirklichkeit entspricht oder nicht. Wir können die Deutungsmuster anschauen, mit denen Nicht-Glaubende die Wirklichkeit interpretieren. Entspricht das mehr der Wirklichkeit als die Deutung des Glaubens?

Für mich ist es eine Hilfe, die Alternative des Nicht-Glaubens zu Ende zu denken: „Alles ist Einbildung. Wir können nichts wissen." Wenn ich diese Alternative zu Ende denke, dann steigt in mir eine tiefe Gewissheit auf: Die Deutung des Glaubens stimmt. Und es reift in mir der Entschluss: „Ich setze auf die Karte des Glaubens. Ich entscheide mich für den Glauben." Wir können den Glauben nicht letztlich beweisen. Aber er ist trotzdem vernünftig. Und es ist nicht gegen meinen Verstand, wenn ich auf die Karte des Glaubens setze. Jedoch braucht es immer auch den Sprung in den Glauben, es braucht Vertrauen und Entscheidung.

Ein weiterer Aspekt des Glaubens zielt nicht auf das Wissen und die Deutung, sondern auf die Haltung. Ich glaube *jemandem*. Glaube ist Vertrauen auf eine Person. Auch wenn dieses Vertrauen letztlich Gott als den eigentlichen Halt unseres Lebens meint – es ist für viele noch nicht möglich, Gott zu vertrauen, der ihnen so weit weg erscheint. Und dennoch fühlen sie sich irgendwie getragen. Dietrich Bonhoeffer hat in seinem berühmten Gedicht kurz vor seiner Ermordung im KZ von den guten Mächten gesprochen, die uns tragen: „Von guten Mächten wunderbar geborgen, erwarten wir getrost, was kommen mag. Gott ist mit uns am Abend und am Morgen und ganz gewiss an jedem neuen Tag." Diese Worte können auch Menschen für sich in Anspruch nehmen, die sich schwer tun, Gott als den Grund ihres Vertrauens zu erkennen.

Ist Glauben nur für das zuständig, was wir noch nicht wissen?

* * * * * * *

„Glauben heißt: nicht wissen", sagen Kritiker gerne. Das wäre ein Lückenbüßer-Verständnis des Glaubens, der dann jeweils abgelöst würde durch sichere Erkenntnis. Gott ist aber mehr als eine bloße Arbeitshypothese. Wenn der Glaube nur für das zuständig wäre, was wir noch nicht wissen, dann stünde er auf einem brüchigen Fundament. Denn dann müsste er ständig Rückzugsgefechte liefern, sobald das Wissen neue Bereiche erobert hat. Der Glaube ist kein beliebiges „Meinen" und er steht nicht gegen das Wissen. Er beschränkt sich nicht auf das, was wir noch nicht wissen. Vielmehr umgreift der Glaube unser ganzes Wissenssystem. Er ist mehr als Wissen. Er ist die Deutung von allem, was ist. Glaube ist wie ein Mantel, der das Wissen einhüllt. Er ist das Vertrauen, dass wir mit all unserem Wissen und Unwissen in der guten Hand Gottes sind und dass unser Leben von seiner Liebe umfangen ist.

Wir müssen, wenn wir von Glaubenssätzen sprechen, immer genau überlegen, was wir eigentlich damit sagen wollen. Nehmen wir z. B. den Glauben daran, dass Gott die Welt erschaffen und den Menschen gebildet hat. Wenn wir uns das so konkret vorstellen würden, wie es der Schöpfungsbericht in der Bibel beschrieben hat, dann wäre der Glaube durch die Evolutionstheorie oder durch die Lehre vom Urknall überholt. Doch der Glaube an Gott als den Schöpfer der Welt, als Ursprung und Vollender der Wirklichkeit, in der wir leben, wird nicht widerlegt durch naturwissenschaftliche Theorien über das konkrete Entstehen der

Welt oder des Menschen. Der Glaube drückt etwas Hintergründiges aus: nämlich, dass hinter all dem, was die Naturwissenschaft beobachtet und erforscht, Gott steht. Wir können ihn nicht mit den Mitteln der Naturwissenschaften beweisen. Aber wir können ihn bejahen. Gott ist nicht ein Lückenbüßer für das noch nicht Erforschte. Mitten in allem, was wir wissen und noch wissen werden, wissen wir uns im Glauben von Gott getragen und in all unserem Reden und Tun auf ihn bezogen.

Kann die Wissenschaft einen anderen Sinn vermitteln als der Glaube?

● ● ● ● ● ● ●

Die folgende Anekdote macht den eigentlichen Unterschied klar: Albert Einstein wurde einmal gefragt, ob er es für möglich halte, dass einmal alles wissenschaftlich erklärbar sein würde. Seine Antwort war: „Ja, aber es würde keinen Sinn haben." Und er erklärte diese Antwort dem Frager so: „Wenn Sie die Fünfte von Beethoven in mathematischen Gleichnissen ausdrücken wollen, als Kurven des Luftdrucks auf dem Trommelfell, so ist das möglich, aber es ist nicht mehr die fünfte Symphonie von Beethoven."

Der Glaube betrifft nicht das, was man wissenschaftlich belegen kann. Er deutet vielmehr die wissenschaftlichen Erkenntnisse und stellt diese in einen größeren Rahmen. Das, was man wissenschaftlich belegen kann, ist wichtig für unser Leben, für die Erklärung der Schöpfung und für die Forschung, mit der wir unser Leben verbessern können. Aber die wissenschaftlichen Erkenntnisse deuten nicht unser Leben. Sie geben keine Antwort auf die letzten Fragen des Menschen, die seit Jahrtausenden die gleichen sind: „Woher komme ich? Wohin gehe ich? Wer sind wir?" Diese Fragen kann die Wissenschaft gar nicht beantworten. Sie kann nur einiges zur Funktionsweise der menschlichen Psyche, des menschlichen Gehirns aufklären. Sie kann etwas zum Entstehen der Welt und zur Evolution sagen. Aber wer die letzte Ursache von allem ist, kann sie uns nicht plausibel machen. Die Wissenschaft kann uns die Welt erklären. Aber sie kann uns keinen Sinn vermitteln. Und ohne

Sinn können wir nicht leben. Wir müssen uns auf etwas verlassen können, was unserem Leben wirklich Sinn gibt.

Auch im zwischenmenschlichen Bereich wissen wir, dass wir an das, worauf wir uns verlassen, glauben müssen. Ich muss an die Liebe des andern glauben, auf die ich mich verlassen möchte. Diese Liebe kann man nicht wissenschaftlich beweisen. Sie ist eine Kraft, die uns im Tiefsten bewegt. Wir können sogar im Gehirn ihre Wirkungsweisen und Auswirkungen auf unsere Psyche beobachten und erforschen. Auch die Schönheit kann man nicht beweisen. Und die Liebe ist ein personaler Akt, genauso wie der Glaube. Sie ist rein wissenschaftlich nicht zu erklären.

Gibt es nicht so viele Antworten auf die Sinnfrage wie es Menschen gibt?

• • • • • • • •

Jeder Mensch muss auf die Sinnfrage seine ganz persönliche Antwort geben. Die Antworten der verschiedenen Religionen können einen Rahmen abgeben, innerhalb dessen der Einzelne die Sinnfrage stellt und für sich eine Antwort finden oder entwickeln muss. Wenn wir aber die Religionen vergleichen, dann sehen wir, dass der Rahmen so verschieden gar nicht ist.

Jede Religion ist davon überzeugt, dass der Sinn des menschlichen Lebens darin besteht, den Urgrund des Lebens anzuerkennen, Gott zu preisen, nach dem Willen Gottes sein Leben auszurichten, die Ordnung der Schöpfung oder des Kosmos und die Ordnung der Gebote Gottes zu wahren. Manche Religionen sehen Gott weniger als Gesetzgeber, sondern eher als den Urgrund allen Seins. Aber auch für sie ist es wichtig, über das Irdische hinaus zu gehen und sich auf das Göttliche oder Heilige zu beziehen.

In allen Religionen gibt es ähnliche Werte, die das Leben des Menschen wertvoll machen. Gerade heute, in einer geschichtlichen Situation, in der die Religionen und Kulturen näher zusammenrücken, ist es sicher eine wichtige Aufgabe für die Religionen, dass sie ihre gemeinsamen Werte vor aller Welt bezeugen. Hans Küng hat mit dem Projekt „Weltethos" versucht, von allen Religionen und Kulturen her die Werte und normativen Maßstäbe zu erkennen, die universal gelten. Es lässt sich zeigen, dass es bei allen etwa einen Sinn für Gerechtigkeit und Gegenseitigkeit, eine tiefe Ehrfurcht vor dem Leben, dass es bestimmte Regeln für das

Zusammenleben der Geschlechter u.s.w. gibt. Die Universalität solcher Werte klarzustellen ist ein wichtiger Beitrag für die Zukunft eines friedlichen Miteinanders der Religionen und Kulturen.

Auch wenn jemand im Rahmen einer religiösen Tradition steht – es muss auch innerhalb einer Religion jeder für sich eine persönliche Antwort auf die Frage geben, worin er den Sinn seines Lebens sieht. Und die wird für jeden Menschen einen jeweils anderen Schwerpunkt haben. Der eine wird sagen: Der Sinn meines Lebens besteht darin, immer durchlässiger für transzendente Erfahrungen zu werden. Der andere: Mein Lebenssinn ist, andern zu helfen. Oder: die Welt menschlicher zu machen, an einer besseren Zukunft mitzuarbeiten. Oder: für meine Familie zu sorgen, damit die Kinder sich gut entfalten können.

Auch innerhalb des Glaubens gibt es verschiedene Akzentuierungen: Für den einen ist die mystische Erfahrung das Ziel seines Lebens, für den andern die Nachfolge Jesu, für den Dritten die Weitergabe des Glaubens oder das Ziel, den Menschen durch den Glauben Mut zum Leben zu vermitteln. Jeder muss selbst spüren, welche Formulierung für ihn stimmt und was seinem Leben letztlich Sinn gibt.

Gibt es ein Menschheitswissen der Religionen?
Oder ist das durch Wissenschaften abgelöst?

● ● ● ● ● ● ●

Man spricht in der Philosophiegeschichte von der „philosophia perennis", von der fortwährenden Philosophie. Ken Wilber, ein amerikanischer Philosoph und Psychologe, hat versucht, diesen Gedanken der „philosophia perennis" für heute wieder zu beleben und das Menschheitswissen zu sammeln, d.h. die verschiedenen philosophischen Ansätze zu einer Synthese zusammenzufassen.

Es gibt offensichtlich ein Menschheitswissen der Religionen, das auch heute noch seine Bedeutung hat. Natürlich ist es kein naturwissenschaftliches Wissen, sondern ein Wissen, das durch Mythen und Symbole, durch Bilder und Visionen zum Ausdruck kommt. Daher kann dieses Wissen auch nicht überholt werden. Denn es befindet sich auf einer anderen Ebene als das wissenschaftliche Wissen. Für mich ist die Einsicht des großen Psychologen C. G. Jung überzeugend, der gesagt hat: Tief in unserer Seele gibt es ein Wissen, das uns mit allen Menschen verbindet. Es wird in der jeweiligen Kultur und Religion mit anderen Bildern und Symbolen ausgedrückt. Aber es gibt große Gemeinsamkeiten, so dass wir diesem inneren Wissen der Seele trauen dürfen.

Natürlich könnte jemand einwenden, ein solches Wissen sei nur ein Versuch, die Seele zu beruhigen gegenüber der Angst vor dem Leben. So hat es Sigmund Freud gesehen: Wir sollten alle Illusionen loslassen und uns einfach nur dem Alltag mit unserem Nichtwissen zuwenden. Doch das ist für mich keine Perspektive, die Leben verheißt. Es ist für mich eher ein Zeichen von Resignation.

Für mich ist es vernünftiger, dem allgemeinen Wissen der Seele zu trauen, das in den Religionen jeweils verschiedenen Ausdruck findet und doch eine gemeinsame Linie erkennen lässt. Eine solche Grundlinie ist, dass unser Leben im Tod nicht endet, sondern im Tod in einen göttlichen Grund hinein stirbt. Etwas, was alle Religionen bezeugen, ist, dass der Mensch erst ganz zum Menschen wird, wenn er sich selbst transzendiert und Anteil hat an Gott, am Göttlichen, an der Welt der Transzendenz.

Solches Grundwissen der Religionen steht auf einer anderen Ebene als das Wissen der Wissenschaften, die die Gesetzmäßigkeiten der Natur und des Geistes erforscht und Theorien darüber zur Diskussion stellt. Die Religion übersteigt diese Ebene dessen, was man feststellen und beweisen kann. Sie transzendiert das Wissen der Wissenschaften in eine Welt hinein, an die zu glauben zwar vernünftig ist, aber die die Vernunft von sich aus nicht erkennen kann.

Wo ist Gott?
Kann ich ihn erfahren?

Wer ist das eigentlich: Gott? Und mit ihm eins werden –
ist das auch für normale Menschen möglich?

● ● ● ● ● ● ●

Die Frage, wer Gott eigentlich ist, kann auch die Theologie nicht mit einem Satz beantworten. Gott ist der Schöpfer der Welt, aber er ist auch der Geist, der die Welt durchdringt. Er ist die Liebe, die uns umgibt und die in uns ist. Er ist das unbeschreibliche Geheimnis, das uns in allem aufscheint. Er ist ein Du, das uns gegenübertritt. Und er ist der Geist, der auf dem Grund unserer Seele in uns ist wie eine Quelle, die unaufhörlich sprudelt und uns mit Frische und Lebendigkeit erfüllt.

Der Mystik in allen Religionen geht es darum, mit diesem unbegreiflichen Gott, der letztlich von seinem Wesen her Liebe ist, eins zu werden. Mystik ist nicht etwas Weltfernes, sondern ein Weg, nicht nur an Gott zu glauben, sondern ihn zu erfahren. Der indische Jesuit Antony de Mello definiert Mystik als Aufwachen zur Wirklichkeit. Wenn ich die Wirklichkeit mit wachen Augen wahrnehme, werde ich überall in ihr Gott sehen. Mystik meint nun, die Wirklichkeit so zu schauen, dass ich im Schauen mit ihr und mit Gott als dem Grund allen Seins eins werde. David Steindl-Rast hat darauf hingewiesen: Es gibt auch eine Mystik der Dankbarkeit in der Einsicht, dass wir unser Leben nicht uns selbst verdanken, sondern es als Geschenk empfangen haben.

Solche Erfahrungen der Bezogenheit auf Gott kann jeder und jede machen. Mit Gott eins werden ist nicht das Privileg der Mystiker oder spirituell besonders begabter oder „religiös musikalischer" Menschen.

In der Eucharistie erfahren wir eine besonders intensive Form der Einswerdung. Wir werden in der Kommunion eins mit Jesus Christus – durchdrungen von seiner Liebe – und in ihm eins mit Gott und mit der ganzen Schöpfung. Und indem wir dieses Einswerden wahrnehmen werden wir auch mit uns selbst eins. Dann steht manchmal die Zeit still. Alles ist nur noch eins.

Aber die Erfahrung des Einsseins ist nicht darauf beschränkt. Jeder Mensch erfährt in seinem Leben immer wieder Augenblicke des Einsseins. Im Urlaub auf einer Bank sitzend fühlt er sich auf einmal eins mit sich und mit der Welt, einverstanden mit seinem Leben. In diesem Gefühl von Einssein ist er letztlich auch eins mit Gott. Denn dieses Gefühl schließt nichts aus. Es reicht in alle Bereiche des Seins. Solche Erfahrungen des Einsseins widerfahren auch Menschen, die von sich nicht behaupten würden, sie seien sehr religiös. In diesem Augenblick ahnen sie, dass ihr Sein über ihr enges Ich hinausreicht und das Geheimnis des Seins berührt. Nach meiner Überzeugung ist das letztlich Gott.

Ein anderer Weg ist die Meditation. Wenn wir ganz im Atem sind, erleben wir, wie Gottes Atem uns durchdringt und wie wir im Atem eins werden mit dem göttlichen Geist, der alles in uns belebt.

Glauben kann ich nur anderen Menschen –
Wozu an Gott glauben?

• • • • • • • •

Als Kind habe ich gelernt, den Eltern zu vertrauen und ihnen zu glauben. Ich habe die Erfahrung gemacht, dass sie es gut mit mir meinen. Diesen Glauben darf ich in meinem Leben auch auf andere Menschen richten. Es ist gut, wenn ich Menschen vertrauen kann. Aber genügt es, nur auf Menschen zu bauen? Ist es nicht ein Urbedürfnis des Menschen, dem Ganzen zu trauen, der Welt zu trauen? Die Welt selber ist aber oft genug brüchig. Das erleben wir nicht nur in den Umweltkatastrophen. Wie kommt es nun zum Glauben an Gott?

Es gibt sicher eine Sehnsucht, dem, der für alles verantwortlich ist, zu trauen und sich nicht als Willkürobjekt einer unsichtbaren negativen Macht zu sehen, die viele zum Glauben führt. Manche Menschen finden zum Glauben, weil sie gegen den Zustand der Welt, so wie sie sich ihnen faktisch gibt, rebellieren. Ihr Protest gegen diese Welt führt sie über diese Welt hinaus in einen Bereich des Jenseitigen. Diese Welt, die sie als so unvollkommen erfahren, ist ihnen zu wenig. Sie glauben, dass es jenseits dieser Welt etwas geben muss, das alles zusammen hält und unsere Sehnsucht nach wahrer Gerechtigkeit erfüllt.

Die Frage, was es bringt, an Gott zu glauben, oder wofür dieser Glaube gut ist, kann ich nicht beantworten. Ich kann nur feststellen, dass in der menschlichen Seele ein Urbedürfnis ist, das Vertrauen auf jemanden zu richten, der die Welt erschaffen hat und das Ganze in Händen hält. Natürlich ist dieses Urbedürfnis im Menschen noch kein schlüssiger Beweis für Gott. Und ich kann mich natürlich auch fragen, ob dieses Urbedürfnis nur ein Ergebnis der Evolution ist, damit der Mensch in dieser Welt besser leben kann, oder ob dieser Sehnsucht eine Wirklichkeit entspricht. Aber für mich ist die Entscheidung, dass meine Sehnsucht der Wirklichkeit entspricht, eine durchaus rationale Entscheidung, die ich vor meinem Verstand rechtfertigen kann. Denn wenn das Urbedürfnis nach Glauben in meiner Seele nur ein Trick der Evolution ist, dann ist letztlich alles sinnlos, dann sind wir nur Produkte der Natur. Und diese Sicht ist zumindest nicht sehr einladend. Da scheint es mir sinnvoller, sich für die Alternative des Glaubens zu entscheiden.

Gott gibt es nicht als Gegenstand unter anderen Dingen dieser Welt. Er liegt nicht auf der gleichen Ebene wie etwas, das ich aneinanderreihen kann. Ich kann also nicht mit dem gleichen Grad an Aussagekraft sagen: Ich glaube an die Existenz von Neuseeland, und: Ich glaube an Gott. Gott ist nicht ein Etwas, nicht etwas Sichtbares, das man in der Welt vorfindet. Er ist der Grund von allem, der Schöpfer von allem. Und er ist der, der mich in der Tiefe der Seele anspricht, der in meine Seele eine Ahnung gelegt hat von einer Transzendenz, von etwas, das diese Welt übersteigt. Der evangelische Theologe Paul Tillich nennt Gott „das, was mich unbedingt angeht". Er ist also eine Wirklichkeit, die entscheidende Folgen hat in meinem Leben.

• • • • • • • •

Es gibt sicher Menschen, die eine religiöse Begabung haben. Sie sind sensibler für das Transzendente als andere, die eher nüchtern mit den Augen eines Naturwissenschaftlers auf die Welt blicken. Aber Gott zeigt sich auch manchmal ganz nüchternen, religiös völlig „unmusikalischen" Menschen. Es gibt die göttliche Überraschung. Sie kommt manchmal in unser Leben, ohne dass wir uns vorbereitet haben, ohne dass wir darauf gefasst sind.

Wir dürfen also nie unsere religiöse Nichtbegabung als Grund angeben, dass wir Gott nicht erfahren können. Jeder Mensch kann Gott erfahren.

Dabei gibt es sicher verschiedene Zugänge zur Gotteserfahrung. Naturwissenschaftlich orientierte Menschen können etwas von Gott ahnen, wenn sie die Schönheit der Welt und ihre Zusammenhänge erforschen und darin etwas erkennen, was größer ist als sie selbst. Das, was sie in der Natur sehen, lässt zumindest erahnen, was der Grund für all diese Ordnung und die wunderbaren Gesetze ist. Paulus schreibt im Brief an die Römer, dass jeder, der mit wachen Augen in die Schöpfung schaut, in ihr die Spuren Gottes erkennen kann: „Seit Erschaffung der Welt wird seine unsichtbare Wirklichkeit an den Werken der Schöpfung mit der Vernunft wahrgenommen." (Röm 1,20)

Künstler haben einen anderen Zugang zu Gott. Wenn ein Künstler Bilder meditiert und im Schauen mit ihnen eins wird, bekommt er eine Ahnung von absoluter Schönheit. Bilder sind Durchschein des Ewigen. Der Künstler spricht vielleicht nicht von Gott, aber er ist offen für das Geheimnis der Welt. Und im Geheimnis erahnt er etwas von Gott. Ein Musiker, der einen reinen Ton erklingen lässt, ahnt in dem, was er hört, das Unhörbare. Der Ton führt ihn über diese Welt hinaus. Auch er wird seine Erfahrung nicht sofort mit dem Wort Gott beschreiben. Das Wort Gott ist oft zu sehr mit einengenden Erfahrungen aus der Kindheit oder mit allzu einfachen Sätzen von Theologen behaftet. Aber indem der Musiker das Unhörbare erklingen lässt, weiß er in sich etwas von Transzendenz, vom Geheimnis des absolut Schönen. Der Dichter wird in der Sprache etwas vom Geheimnis des Glaubens erahnen. Paul Celan, der kein typisch frommer jüdischer Dichter war, wollte in seiner Sprache das Unausgesprochene ausdrücken und sich so dem Unaussprechlichen nähern. Gerhart Baumann, der mit dem Dichter befreundet war, schreibt in seinen „Erinnerungen an Paul Celan": Er war überzeugt, dass „ein Glauben ohne Sprache ebenso sinnlos ist wie die Sprache ohne Glauben".

In letzter Zeit begegne ich immer wieder Menschen aus den neuen Bundesländern, die ihr Leben lang nie in Berührung waren mit Religion. Sie scheinen Gott nicht zu vermissen. Keiner von ihnen redet von seiner Gottessehnsucht. Und doch, wenn ich mit ihnen spreche, spüre ich, dass da doch eine Sehnsucht in ihnen ist nach „mehr". Es ist schwer, dieses „Mehr" zu beschreiben. Aber dass diese Sehnsucht nach „Transzendenz", nach etwas, das uns übersteigt, nach einem Geheimnis, das größer ist als wir selbst, auch in diesen Menschen ist, ist mir deutlich geworden bei einem Vortrag vor Führungskräften. Ein Mann kam nach dem Vortrag mit Tränen in den Augen zu mir. Er erzählte mir, dass er überzeugter Kommunist war. Aber das, was ich gesagt habe, habe ihn tief berührt. Er könne es sich nicht erklären. Aber da

sei eine Seite in ihm wachgerüttelt worden, die lange ver-
schüttet war. Ich spürte in diesem Gespräch, dass auch in
solchen Menschen eine Sehnsucht nach „mehr", letztlich
nach Gott ist, dass es aber nicht einfach ist, eine Sprache zu
finden, um diese Sehnsucht in ihrem Herzen anzusprechen
und ihnen selbst Worte zu vermitteln, mit denen sie ihre
Sehnsucht ausdrücken können. Eine zu fromme Sprache
schreckt diese Menschen nur ab. Ich muss an ihre Sehnsucht
glauben. Dann finde ich auch Worte, die ihre Sehnsucht an-
sprechen.

Die Welt funktioniert auch ohne Gott – wo ist sein Platz,
wozu brauchen wir ihn?

• • • • • • •

Im Gefängnis der Nazis hat sich Dietrich Bonhoeffer Gedanken gemacht über das Verhältnis von Glauben und Wissenschaft. Er wehrt sich gegen „jede fromm getarnte Flucht" aus dem Denken: „Gott als moralische, politische, naturwissenschaftliche Arbeitshypothese ist abgeschafft, überwunden ... Es gehört zur intellektuellen Redlichkeit, diese Arbeitshypothese fallen zu lassen bzw. sie weitgehend wie möglich auszuschalten." Bonhoeffer meint damit, dass wir Gott nicht dazu missbrauchen sollen, unser mangelndes Denken auszugleichen. Zuerst müssen wir die Welt mit rein weltlichen und wissenschaftlichen Methoden anschauen und erforschen. Erst dann stellt sich die Frage, wie wir Gott und diese Welt zusammen bringen.

Die Welt funktioniert auch ohne die Hypothese Gott. Doch wenn wir die Beziehung der Welt zu Gott betrachten, so entdecken wir, dass der Glaube an Gott durchaus eine Hilfe ist, in dieser Welt menschlich miteinander zu leben. Wenn es keinen Gott gibt, dem sich alle Menschen verpflichtet fühlen, dann gibt es nur das Recht des Stärkeren. Und das ist für das menschliche Miteinander sicher kein Segen. Man könnte also formulieren: Damit die Menschen menschlich miteinander umgehen, braucht es Gott. Aber Gott lässt sich nicht benutzen, auch nicht für ein gedeihliches Miteinander. Er ist der, der alles übersteigt. Er zwingt den Menschen, sich seiner Grenzen bewusst zu werden. Und erst in diesem Bewusstsein lebt der Mensch seinem Wesen gerecht.

Wenn der Mensch nicht an Gott glaubt, ist er in Versuchung, sich selbst zum Gott zu machen. Die Bibel beschreibt die Urversuchung des Menschen genau darin: sein zu wollen wie Gott. Es ist eine Kränkung seines grandiosen Selbstbildes, wenn er abhängig ist von einem Größeren. Aber nur wenn der Mensch aufblickt zu etwas Größerem, lebt er aufrecht und aufrichtig und lässt andere Menschen ebenso leben. Wenn er keinen Gott über sich anerkennt, neigt er dazu, sich andere Götter zu suchen – wie das Geld, die Macht, die Sexualität, den Erfolg. Solche Götter aber tun dem Menschen nicht gut. Sie versklaven ihn. Der Glaube an Gott ist daher die Garantie für seine Freiheit.

Die Bibel beschreibt in den ersten Kapiteln des Buches Genesis, wie eine Welt aussieht, in der sich Menschen zu Göttern machen. Da gibt es Mord und Totschlag. Und es gibt bei denen, die in Babel einen Turm bauen wollen, der bis zum Himmel ragt, nur Verwirrung. Für die Bibel ist der Glaube an Gott die Bedingung, dass der Mensch seinem Wesen gerecht und gut miteinander zu leben vermag. Das ist keine naive Sicht. Gerade weil auch die Menschen, die an Gott glauben, einander morden und ungerecht behandeln, müssen die Propheten immer wieder mahnen, dass die Menschen einander achten, gerecht miteinander umgehen und einander lieben.

Was passiert, wenn wir Gott vergessen?

❋ ❋ ❋ ❋ ❋ ❋ ❋

Es kann durchaus sein, so hat Karl Rahner einmal gesagt, dass die Menschheit Gott vergisst und der Mensch sich „zurückzüchtet zum findigen Tier". In der Hektik unseres Alltags ist die Gefahr sicher gegeben, dass wir unaufmerksam oder taub werden für seine Präsenz. Aber wenn wir Gott vergessen, so vergisst Gott selbst uns nie. Wenn wir ihn vergessen, spielt er meistens für unseren Alltag keine große Rolle. Wir leben so, als ob es Gott nicht gäbe. Aber manchmal drängt er sich uns doch auf, etwa wenn wir vor einer wunderbaren Landschaft staunend stehen, oder wenn uns große Musik in der Tiefe der Seele anrührt, wenn uns das Bild eines Künstlers für das Geheimnis der Transzendenz aufbricht. Wir können eine Zeitlang ganz gut ohne Gott leben. Aber irgendwann fehlt uns etwas. Ich habe einen Mann begleitet, der in der Industrie eine hohe Stellung hatte. Er war seit fünfzehn Jahren aus der Kirche ausgetreten und hatte sich nicht um Gott gekümmert. Sein Fortkommen in der Firma war ihm wichtiger. Er erzählte mir, dass er Gott in den fünfzehn Jahren nicht vermisst habe. Aber eines habe ihn beunruhigt: eine stetig wachsende innere und äußere Unruhe, so dass eine Bekannte zu ihm gesagt hatte: „Du landest noch in der Psychiatrie mit deiner ständigen Unruhe." So hat er sich auf die Suche gemacht. Diese Suche hat ihn als Gast in unser Kloster geführt. Dort wurde er so von der Liturgie berührt, dass er in der Tiefe seines Herzens wusste, dass Gott da ist und ihn anspricht.

Wenn wir Gott vergessen, vergessen wir meistens auch uns selbst. Wir leben nicht in Beziehung zu unserem innersten

Wesen, zu unserer Seele. Wir leben nur oberflächlich. Wir füllen die Leere mit Hektik. So kann man eine Zeitlang ganz gut leben. Aber irgendwann meldet sich in uns das Fehlende.

Vielen wird das Fehlende gar nicht bewusst, weil sie ständig mit irgendetwas anderem beschäftigt sind. Aber wir dürfen vertrauen, dass Gott sich in Erinnerung bringt, wenn wir ihn vergessen. Das kann durch eine Begegnung geschehen, durch ein Wort, das uns trifft, oder durch eine tiefe Erfahrung, die wir nicht anders beschreiben können als mit Erfahrung von Transzendenz, von Geheimnis, letztlich von Gott. Wir müssen nur in unserem Leben achtsam sein darauf.

Wie müsste ich leben, um ihn wahrzunehmen?

Es braucht Aufmerksamkeit. Wir können diese Aufmerksamkeit zudröhnen im Lärm des Tages und zudecken mit unserem Aktivismus. Ich muss sehr sensible Fühler ausstrecken, um Gottes leise Impulse wahrzunehmen. Wir brauchen eine Antenne dafür. Die Haltung der Offenheit und der Achtsamkeit könnte eine solche Antenne sein.

Achtsamkeit ist ja nicht passiv und sie ist nie folgenlos: Ich achte auf das, was ich tue, nicht um mich zu kontrollieren, sondern um zu spüren, was ich um mich herum und in mir wahrnehme. Wenn ich in die Tiefe meines Herzens schaue, was nehme ich da wahr? Sind es nur meine eigenen Gedanken? Oder ist da nicht eine Ahnung von etwas, was mich übersteigt, was größer ist als ich selbst? Das ist dann eine Ahnung Gottes. Wenn ich achtsam durch meinen Alltag gehe, dann kann ich Gott wahrnehmen im Antlitz eines Menschen, der mich anschaut, in der Schönheit einer Blume, in der Stille um mich herum, in einer Kirche, die auf etwas verweist, was diese Welt überragt, ich kann im konzentrierten Hören einer Sinfonie oder im achtsamen Lesen eines Gedichts „aufgeschlossen" werden für eine solche Erfahrung.

Ich kann freilich durch Meditation, Achtsamkeit oder Stille die Gotteserfahrung nicht erzwingen. Aber wenn ich achtsam lebe, wenn ich aufmerksam bin auf die Zeichen der Wirklichkeit um mich herum, werde ich Gottes Nähe und seine Impulse in mir und um mich herum eher wahrnehmen.

Das andere ist die Offenheit. Ich frage bei allem, was ich eigentlich sehe, höre, rieche, wahrnehme: Ist es nur die schöne Blume oder schaue ich in ihr nicht eine absolute Schönheit, etwas, das das einzelne Ding übersteigt? Oder ich frage mich bei meinen Gedanken: Kommen sie nur von mir oder schickt mir Gott diesen Gedanken, diesen Einfall, diesen Impuls? Ich rechne damit, dass Gott mich berührt und anrührt.

Vor allem aber muss ich – um Gott erfahren zu können – eine Beziehung zu mir selbst haben. Wenn ich mich selbst nicht spüre, kann ich auch Gott nicht spüren. Wenn ich nicht auf mich selbst höre, kann ich auch Gott nicht hören. Und wenn ich keine Beziehung zu mir selbst habe, kann ich die Beziehung zu Gott nicht wahrnehmen. Wenn ich mich spüre, spüre ich nicht gleich schon Gott. Aber wenn ich diesem Spüren bis in die Tiefen folge, bekomme ich eine Ahnung von etwas Größerem, das in mir und meiner Wirklichkeit ist.

• • • • • • • •

Gott ist überall. Und er ist da, wo wir ihn in unser Herz einlassen. Wir dürfen ihn uns nicht wie einen Geist vorstellen, der sich unsichtbar hin und her bewegt und überall auftaucht. Gott ist vielmehr der Grund, der alles durchdringt, der Geist, der alles durchgeistet, die Energie, die in allem fließt, die Liebe, die alles durchwirkt. Er trägt die Welt und durchdringt die Welt. Er ist außerhalb von mir und zugleich in meinem Herzen. Er ist in der Welt und zugleich über der Welt. Manchmal muss ich mich von der Welt zurückziehen, um ihn in der Stille wahrzunehmen. Aber wenn ich achtsam genug bin, kann ich ihn überall wahrnehmen. Das apokryphe Thomasevangelium, ein gnostischer Text aus dem zweiten Jahrhundert, überliefert uns ein Wort Jesu, das lautet: „Ich bin das Licht, das über allem ist. Ich bin das All. Aus mir ist das All hervorgegangen, und zu mir ist das All gelangt. Spaltet ein Stück Holz – ich bin da. Hebt den Stein auf, und ihr werdet mich dort finden."

Wir können Gott nicht als Bild unter anderen Bildern sehen. Wir können ihn nur als den erkennen, der in allem und über allem ist, der ganz andere, der uns auf einmal in einem Bild anschaut, in einem Wort anspricht, der uns in einer Begegnung aufleuchtet und sich uns in der Schöpfung zeigt.

Wir können die Gegenwart Gottes nur in Gegensätzen denken: Gott ist in mir und außerhalb von mir. Er ist der Schöpfer, der die Welt trägt. Und er ist die Kraft, die alles durchdringt. Gott ist der, der mich begleitet. Und er ist der ferne und unbegreifliche Gott. Er ist der Unfassbare, vor dem ich niederfalle und den ich anbete. Und er ist der, der mich mit seiner Liebe einhüllt, in dessen heilender Gegenwart ich geborgen bin. Er ist der, der mich herausfordert und auf den Weg schickt, und der, der mich trägt und mir Heimat schenkt. Er ist der ganz Andere und doch auch ganz in mir. Dort wo ich ganz ich selbst bin, bin ich auch in Berührung mit Gott, der mich zu meinem wahren Selbst führt.

Ich kann diesen Gott vor allem in der Welt erfahren und zwar durch meine Sinne. Ich kann in der Schönheit der Welt die Schönheit schlechthin schauen. Die Schönheit schlechthin ist Gott. Ich kann in einem menschlichen Wort sein Wort hören und in der Musik das Unhörbare erahnen. Ich kann im Wein Gottes süßen Geschmack schmecken, im Duft des Weihrauchs etwas von seinem Geheimnis riechen und in der Blume Gottes Zärtlichkeit ertasten. Aber ich kann ihn nicht direkt greifen. Die Sinne weisen über sich hinaus auf das Unerfahrbare und Unsichtbare und Unhörbare. Wenn ich den Sternenhimmel anschaue, dann geht mir etwas von seiner Größe und Schönheit auf.

Auch die Geschichte ist der Ort, an dem ich Gott erfahren kann. Ich kann in der Weltgeschichte einzelne Ereignisse festmachen, von denen der Glaube sagt: Hier hat Gott sich gezeigt. Da sind die Geburt seines Sohnes, sein geschichtliches Wirken in Palästina und sein Tod und seine Auferstehung. Ich kann geschichtliche Erfahrungen von Befreiung als Erfahrung Gottes deuten und etwa – ein Beispiel der jüngeren Vergangenheit – den Mauerfall ohne blutige Gewalt als Gotteserfahrung verstehen. Und ich kann in meiner eigenen Lebensgeschichte genügend Beispiele aufzählen, wo ich sagen darf: Da habe ich Gottes Nähe, seinen Schutz, seine Fürsorge und Liebe gespürt. Da hat mich etwas Numinoses angerührt, das ich nur mit Gott bezeichnen kann. Die Erfahrung Gottes setzt nicht immer die Erfahrung einer heilen Welt voraus. Und wir erfahren Gott auch nicht immer nur im Guten. Oft ist es gerade so, dass wir dort, wo uns etwas Schweres widerfahren ist, ein Leid uns getroffen hat oder wo jemand uns Böses angetan hat, wir zugleich etwas gespürt haben, was uns trägt, was uns dem Bösen entreißt und was uns mitten im Leid eine Ahnung von Frieden schenkt, der tiefer ist als äußeres Wohlergehen.

Aber genauso wichtig ist für mich auch, Gott in meinem Innern zu erfahren. Augustinus, der große Kirchenvater sagt, dass Gott uns innerlicher ist als wir uns selbst sind. Wenn wir also in uns gehen, können wir ihn erahnen. Der Gott, der in uns ist, entzieht sich aber unserem Zugriff. Er ist unverfügbar und doch ist er in uns. In dem Raum der Stille, zu dem kein menschlicher Gedanke vordringt, da wohnt er in uns. Und manchmal können wir ihn spüren. Dann sind wir ganz eins mit uns selbst. In diesem Augenblick vergessen wir uns selbst. Da reflektieren wir nicht über unsere Erfahrung, sondern wir sind einfach nur da. Und indem wir da sind, sind wir in ihm und er ist in uns.

Wenn Gott sich offenbart hat, warum ist er dann verborgen?

• • • • • • •

Warum Gott sich verbirgt, das kann ich nicht beantworten. Ich kann mich nicht über Gott stellen und seine Gedanken beobachten. Ich kann nur feststellen, dass Gott oft verborgen ist. Ich kann im Nachhinein versuchen, seine Verborgenheit zu verstehen und um eine Antwort zu ringen. Vielleicht könnte ein Antwortversuch in diese Richtung gehen: Gott verbirgt sich, damit wir nicht auf die Idee kommen, ihn für uns zu vereinnahmen, ihn zu besitzen und über ihn genau Bescheid zu wissen. Gott verbirgt sich, um uns zu zeigen, dass er der ganz andere und unverfügbare Gott ist, nach dem wir immer wieder neu suchen müssen. Der hl. Benedikt verlangt vom Mönch, dass er sein Leben lang Gott sucht. Auch der Mönch hat Gott nicht für immer gefunden. Er muss sich immer wieder neu auf die Suche nach dem verborgenen Gott machen. Manchmal zeigt Gott sich, um uns in unserer Suche anzustacheln. Aber dann verbirgt er sich wieder, damit wir uns noch mehr nach ihm ausstrecken und ihn von ganzem Herzen suchen.

Es gibt eine wunderbare chassidische Geschichte dazu. Elie Wiesel, der die Gottesverborgenheit in Auschwitz am eigenen Leib erlitten hat, erzählt sie in einem seiner Bücher. Da kommt ein kleiner Junge und beklagt sich bei Rabbi Baruch, seinem Großvater, über seinen Freund. „Wir hatten Verstecken gespielt, ich musste mich verstecken, und er war dran, mich zu suchen. Aber ich hatte mich so gut versteckt, dass er mich nicht finden konnte. Da hat er aufgegeben, er hat einfach aufgehört mich zu suchen. Und das ist unfair."

Rabbi Baruch antwortet: „So ist es auch mit Gott. Stell dir seinen Schmerz vor. Er hat sich versteckt und die Menschen suchen ihn nicht. Verstehst du? Gott versteckt sich, und der Mensch sucht ihn nicht einmal."

Jesus selbst spricht davon, dass das Reich Gottes im Verborgenen wirkt. Es ist wie ein Senfkorn und wird doch zum Baum. (Mt 13,31f) Und Jesus fordert uns auf, im Verborgenen zu Gott zu beten: „Du aber geh in deine Kammer, wenn du betest, und schließ die Tür zu; dann bete zu deinem Vater, der im Verborgenen ist. Dein Vater, der auch das Verborgene sieht, wird es dir vergelten." (Mt 6,6) Gott ist im Verborgenen. Daher soll auch unser Gebet im Verborgenen geschehen. Jesus weiß um die Gefahr, dass wir uns mit unserem Beten über andere stellen und uns vor anderen gut darstellen wollen. Wenn wir im Verborgenen Gott suchen, dann schützt diese Verborgenheit unsere Gottsuche. Wir gehen nach innen, nach dem, was uns selbst verborgen ist. Dort können wir Gott treffen, der sich auch vor dem Zugriff der Menschen verbirgt.

Martin Buber erzählt übrigens auch eine Geschichte über die Verborgenheit Gottes. Es ist die Geschichte eines frommen Juden, der zu seinem Rabbi kommt und ihn fragt, was man in seinem Glauben tun könne, wenn Gott sein Antlitz verberge. Die Antwort des Rabbi lautet: „Weiß man, dass es ein Verbergen ist, dann ist es ja kein Verbergen mehr."

Und bei Bernhard von Clairvaux heißt es einmal: „Wer dich sucht, der hat dich schon gefunden." Schon in der Sehnsucht nach dem abwesenden Gott ist Gott also nahe. Und mir ist ein lateinisches Zitat begegnet, das Augustinus zugeschrieben wird: „Ut inventus quaeratur, immensus est." „Damit Gott auch als gefundener noch gesucht wird, ist er unendlich."

Wenn es nur einen Gott gibt: Warum sehen ihn verschiedene Religionen so unterschiedlich?

• • • • • • •

Gott lässt sich durch keine Begriffe und keine Bilder festlegen. Unsere Bilder öffnen ein Fenster, durch das wir in Richtung Gott schauen können. Aber in unsere Bilder mischen sich immer auch unsere eigenen Projektionen. Die Projektionen sind von unserer Lebenserfahrung abhängig, die wiederum von der Kultur abhängt, in der wir leben.

Auch wenn Religionen also unseren Blick in eine bestimmte Richtung lenken und wir von einem Rahmen sprechen können, der allen Religionen gemeinsam ist, ist es verständlich, dass die vielfältige Religionen verschiedene Bilder von Gott entwickelt haben. Völker, für die die Landwirtschaft wichtig war, haben das Göttliche oft in weiblichen Bildern gesehen: als Fruchtbarkeitsgöttin. Damit drücken sie durchaus einen wichtigen Aspekt Gottes aus. Das entspricht nicht nur ihrer Erfahrung, sondern auch unserer Sehnsucht. Ein kriegerisches Volk hat Gott oft als Kriegshelden gesehen, der fordert und für den man sich entscheiden muss. Auch das ist ein Aspekt, der bei aller kulturellen Bedingtheit auch für unser Gottesbild gültig bleibt. Alle Religionen sehen nur den Zipfel der Wirklichkeit Gottes. Und der sieht von allen Religionen und deren kultureller Lebenswelt her anders aus. Die Religionen haben Bilder von Gott entwickelt, die die Lebenserfahrung der verschiedenen Völker aufgreifen und von daher ein Fenster öffnen für Gott. Gott, der ganz andere, ist immer der gleiche. Nur die Fenster, die uns die Religionen bereitstellen, sind verschieden.

Als Christen behaupten wir, dass wir den wahren Gott erkennen. Aber als Christen müssen wir gleichzeitig auch bekennen, dass Gott noch anders ist als unsere Bilder, die wir uns von ihm machen. Wir bekennen, dass Jesus Gott durch sein Leben, seine Taten und seine Worte authentisch ausgelegt hat, dass in diesem Menschen aus Nazareth Gott selbst sichtbar geworden ist. Es geht also darum, unsere Bilder in der Richtung der Worte und Bilder Jesu auszurichten, um Gott richtig zu sehen. Aber das heißt nicht, dass wir schon wirklich und umfassend verstanden haben, was Jesus uns wirklich von Gott sagen möchte. Daher ist es unsere ständige Aufgabe, die Worte und Taten Jesu auch im Dialog mit anderen Religionen so zu meditieren, dass uns der Gott und Vater Jesu Christi aufgeht und in ihm der eine Gott, der alles erschaffen hat und allen Menschen sein Heil anbietet.

● ● ● ● ● ● ●

Unsere Gottesbilder entsprechen oft unseren Lebenserfahrungen. Ein Kind hat naturgemäß andere Gottesbilder als ein Erwachsener. Kinder projizieren ihre Sehnsucht nach Geborgenheit auf Gott. Damit treffen sie durchaus eine wichtige Seite Gottes. Jugendliche sehen Gott als den, der uns herausfordert. Als Erwachsener sehe ich Gott als den, der mich in die Wahrheit führt, vor dem ich nicht ausweichen kann. Aber ich erlebe Gott auch als den, der mich befreit von der Macht der Menschen, der meinem Leben Festigkeit und Halt gibt, der mich in die Weite führt. All diese Gottesbilder, die wir im Laufe des Lebens haben, drücken jeweils etwas vom Wesen Gottes aus, aber sie genügen nicht, um Gott angemessen zu beschreiben.

In der geistlichen Begleitung lasse ich die Menschen oft erzählen, wie sich ihr Gottesbild im Laufe ihres Lebens geändert hat. Dabei ist ihnen das Gottesbild nicht immer bewusst. Als Kind verbindet man mit Gott oft Heimat und Geborgenheit. Aber manche erinnern sich auch, dass Gott für sie immer etwas Bedrohliches war. Sie haben mit Gott vor allem den Strafenden verbunden. Das hängt oft mit der Erziehung zusammen, die sie erlebt haben. Wenn da eine strafende und kontrollierende Tendenz war, dann wurde das auch auf Gott projiziert. Die Arbeit am Gottesbild ist dann immer auch eine Arbeit am Selbstbild. Wir können die verschiedenen Gottesbilder schon im Blick auf unsere eigenen, ganz unterschiedlichen Lebenserfahrungen erklären. Schon die Erfahrungen, die jeder mit sich und mit seinen Eltern, aber auch im Rahmen einer bestimmten – etwa einer patriarchalen – Gesellschaft macht, die Erfahrungen, die wir etwa mit unserem Vater machen, wirken sich darauf aus, was wir mit dem Bild des Vatergottes verbinden. Wichtig ist, die Gottesbilder, die wir uns machen, zu hinterfragen und loszulassen. Allerdings können wir nie ganz ohne Bilder leben. Wir sollen zwar die negativen Gottesbilder durch positive ersetzen. Aber auch bei den positiven Bildern sollen wir uns immer bewusst sein, dass sie nur Bilder sind, dass Gott jenseits aller Bilder ist.

Im Übrigen ist dieses Wissen von der alle Bilder übersteigenden Wirklichkeit Gottes nicht nur etwas, was das Christentum kennt. Es gibt eine berühmte islamische Geschichte, die davon erzählt, wie die blinden Einwohner einer Stadt einen Elefanten untersuchen. Sie betasten ihn, um durch die Berührung seiner Körperteile Aufschluss zu erhalten. Als sie dann Auskunft über das Wesen des Elefanten geben sollen, sagt der Mann, der das Ohr des Tieres betastet hatte: Er ist ein großes raues Etwas, weit und breit wie eine Decke." Und der den Rüssel betastet hatte, sagt: „Nein, in Wirklichkeit ist er wie eine gerade und hohle Röhre, furchterregend und gefährlich." Und der die Beine betastet hatte hält dagegen: „Er ist mächtig und fest und gleicht einer Säule."

Diese Geschichte warnt davor, sich an Teilwahrheiten festzuhalten und sie zu verabsolutieren. Sie bedeutet nicht, dass man in seinem Erkenntnisstreben resignieren sollte. Auch und gerade angesichts der Vielfalt religiöser und spiritueller Erfahrungen und Einsichten ist Offenheit für den Reichtum und die Fülle dieser Erkenntnis wichtig.

Es ist gut, dass es auch in der eigenen Tradition gegensätzliche Bilder von Gott gibt. So legen wir ihn nicht so leicht fest. Durch die Gegensätze hindurch schauen wir auf zu dem ganz anderen Gott:

Gott ist persönlich und überpersönlich.
Er ist der Herr, vor dem ich niederfalle.
Und er ist der Freund, der mir zur Seite steht.
Er ist der Schöpfer der Welt, und er ist in meinem Herzen.

Ich kann Gott nur in Gegensätzen denken. Die Gegensätze
zeigen mir, dass ich ihn auf kein Bild festlegen darf, sondern
dass ich durch die vielen Bilder hindurch Ausschau halten
soll nach dem letztlich unbegreiflichen Gott.

Wie kann man behaupten, dass Gott eine Person ist?

In der Geschichte der Theologie wurde der Begriff Person erst entwickelt, als man über das Wesen Gottes nachdachte, der sich als Vater, Sohn und Heiliger Geist geoffenbart hat. Wir müssen uns hüten, Gott in unsere oft kleinen Vorstellungen von einer menschlichen Person zu zwängen. Gott ist mehr, und auch der Personbegriff ist ein Versuch, sich seiner Wirklichkeit anzunähern. Auch er ist nur eine Chiffre. Gott ist auch hier beides: Er ist Person und Über-Person, er ist persönlich und überpersönlich. Manchmal erfahren wir mehr den überpersönlichen Aspekt: Gott erscheint uns als Liebe, als Energie, als Licht, als Grund des Seins. Aber dann dürfen wir auch erfahren, dass Gott uns anspricht, dass er ein Du ist, das uns gegenübertritt, das uns liebt und mit seinem Licht anstrahlt.

Person kommt wahrscheinlich von „personare" = durchtönen. Die Schauspieler hatten in Griechenland eine Maske auf. Durch diese tönte jemand mit einer unverwechselbaren Stimme. Person meint den Selbststand eines geistigen Wesens und zugleich seine Bezogenheit auf einen anderen, auf ein Du. Der Mensch ist von seinem Wesen her ein von Gott Angerufener. Das macht sein Personsein aus. Von daher „fordert das Person-Sein des Menschen, Gott als personal zu denken." Das sagt der Philosoph Jörg Splett.

Gott ist Liebe, sagt der 1. Johannesbrief. Liebe meint immer schon Bezogensein. So ist Gott als Person in sich stehend und zugleich von seinem Wesen als Liebe her immer schon bezogen. Das hat die Theologie der frühen Kirche mit dem

Bild des dreifaltigen Gottes, des einen Gottes in drei Personen, versucht, zum Ausdruck zu bringen. Romano Guardini meint daher, dass die eigentliche Antwort auf die Frage, was Personalität eigentlich sei, im Trinitätsgedanken zu finden sei: Gott als Person ruft den Menschen an. Und durch das Angerufenwerden wird der Mensch zur Person, zu einem, der in sich selbst steht und zugleich von seinem Wesen her immer schon bezogen ist auf ein Du, auf das Du eines anderen Menschen und auf das Du Gottes.

In der christlichen Mystik gibt es zwei verschiedene Richtungen, die Liebesmystik und die Mystik des Seinsgrundes. Beide Wege führen auch zu Unterschieden im Gottesbild. Die Liebesmystik – vor allem in der Frauenmystik des Mittelalters – bezieht sich vor allem auf Gott als Person. Oft es ist zugleich Christusmystik. Christus ist für die Seele gleichsam der Bräutigam, der ihr all das schenkt, was der Mann in der Liebe seiner Braut schenkt. Er erfüllt die tiefste Sehnsucht des Menschen nach Liebe. Es ist eine sehr personale Mystik, eine Mystik der Beziehung zu Gott als Person, mit der ich eins werden darf. Aber Gott entzieht sich auch immer wieder, so wie der Bräutigam nicht immer bei der Braut ist. Nähe und Distanz vertiefen die Liebe immer mehr. Es ist eine sehr spannungsvolle Liebe, die immer mehr wächst.

Die Mystik des Seinsgrundes sieht Gott als den Grund allen Seins. Dieser Grund ist auch Liebe. Aber diese Liebe ist nicht nur die Liebe einer Person, sondern sie ist wie eine Macht, die alles umfasst, wie ein Strom, der alles durchströmt. Eins werden mit diesem Grund allen Seins ist zugleich eins werden mit mir selbst. Ich erfahre Gott nicht immer als Gegenüber, sondern auch als den, der in mir ist, der der tiefste Grund meiner Seele ist. Wenn ich im Tiefsten mit mir eins bin, wenn ich mich selbst vergesse und einfach nur bin, dann bin ich letztlich eins mit Gott.

Auch dieses Einssein ist kein Verschmelzen mit Gott. Es ist eine tiefe Erfahrung, die mir geschenkt wird, die mir aber auch wieder genommen wird. Ich kann sie nicht als Besitz mit mir herumtragen. Und auch wenn Gott nicht als Gegenüber erscheint, so wird in dieser Liebe doch auch immer wieder das Antlitz Gottes erfahrbar. In der Liebe spüre ich, dass ich angesprochen bin. Insofern gehören beide Gottesbilder zusammen, das personale Gottesbild der Liebesmystik und das Bild des überpersönlichen Gottes in der Einheitsmystik. Es sind nur zwei Seiten des einen Gottes, der der Grund allen Seins ist und zugleich das Du, das mich anspricht und liebt.

In der geistlichen Begleitung wird mir immer klarer, wie eng das Gottesbild auch mit dem Selbstbild zusammenhängt. Oft haben Menschen, die ein apersonales Gottesbild haben, Probleme mit ihrem eigenen Personsein und mit persönlichen Beziehungen. Daher ist es für mich so wichtig, von Gott als Person zu sprechen. Allerdings füge ich hinzu: Wir müssen es in aller Vorsicht tun, und immer mit der Frage, was denn damit gemeint ist, wenn die Theologie von Gott als Person spricht. Wir brauchen die gesunde Spannung zwischen Gott als Person und Überperson und die Spannung in uns, dass wir die Beziehung zu unserem innersten Kern, zu unserer Person, spüren und zugleich den tiefsten Grund, in dem wir gründen: Gott als Liebe und als reines Sein, von dem wir unser Sein beziehen. Indem ich einfach nur bin, bin ich auch in Gott und ahne, was das heißt: Gott ist der Grund allen Seins.

Wieso lässt ein allmächtiger und guter Gott das Leiden Unschuldiger zu?

• • • • • • •

Zunächst sollten wir unterscheiden zwischen einem von Menschen „gemachten" Leiden, das Gewalt und Ungerechtigkeit ausmacht, und einem Leiden, das – wie Krankheit oder Naturkatastrophen – Menschen immer wieder die Frage nach dem „Warum?" an Gott hat richten lassen. Auch ich kann diese Frage nach dem Warum nicht beantworten. Es steht mir nicht zu, mich über Gott zu stellen. Ich kann nur feststellen, dass Unschuldige oft leiden müssen. Diese Wahrnehmung stellt mein Gottesbild in Frage. Ich kann sie nicht in Einklang bringen mit dem Bild eines liebenden und barmherzigen Gottes. Aber die Erfahrung, die ich mache, darf mich nicht dazu verleiten, nun Gott als grausam und unbarmherzig zu beschreiben. Gott ist jenseits aller Beschreibungen. Die Erfahrung des Leids ist ein Stachel in meiner Suche nach Gott: Wer ist dieser Gott, der diese Welt erschaffen hat, in der soviel Leid ist? Die Philosophen haben in der sogenannten Theodizee-Frage versucht, Gott angesichts des Leids der Welt zu rechtfertigen. Sie haben alle möglichen Theorien entwickelt: Der Mensch würde durch das Leid reifen. Das Leid sei der Preis der menschlichen Freiheit. Aber alle diese Theorien befriedigen mich nicht.

Für viele ist das Leid unschuldiger Kinder das entscheidende Argument gegen Gott. Doch seit der griechischen Philosophie haben Philosophen und Theologen versucht, das Leid nicht als Argument gegen, sondern für Gott zu benutzen. Augustinus meint, es sei gut, dass es nicht nur Gutes sondern auch Böses gebe. Das würde den Menschen in seiner Freiheit und in seiner Liebe herausfordern. Und Gott würde das Böse zum Guten wenden. Diese optimistische Sicht hat der Philosoph Leibniz in die Theodizee-Frage hineingebracht. Doch schon bald wurde dieser Optimismus durch das Erdbeben von Lissabon erschüttert, in dem viele Menschen umkamen. Georg Büchner sah das Leid als größten Beweis gegen die Existenz Gottes an. Seither haben die Theologen immer wieder versucht, diese Frage zu beantworten. Während viele Theologen heute sich um diese Frage eher drücken, plädiert Johannes Baptist Metz, dafür, sich mit dieser Frage auseinander zu setzen. Sonst würden wir die Menschen mit ihrem Leid allein lassen. Alle theologischen Antworten, die bisher gegeben wurden, befriedigen letztlich nicht.

Vielleicht müssen wir in einer Richtung denken, die Karl Rahner vorgegeben hat: „Die Unbegreiflichkeit des Leids ist ein Stück an der Unbegreiflichkeit Gottes. ... Es gibt kein seliges Licht, das die finstere Abgründigkeit des Leids erhellt, als Gott selbst. Und ihn findet man nur, wenn man liebend Ja sagt zur Unbegreiflichkeit Gottes selbst, ohne die er nicht Gott wäre."

Wie kann man angesichts der Realität behaupten, dass Gott die Liebe ist?

• • • • • • •

Wir dürfen den Satz, dass Gott die Liebe ist, nicht zu naiv verstehen, als ob Gott alles liebevoll anordnen würde. Wenn ein Kind durch einen Verkehrsunfall aus dem Leben entrissen wird, diskreditiert sich ein solch naives Verständnis von selbst. Aber wir stehen vor der Frage, ob wir die ganze Welt mit negativer und böser Energie aufgeladen sehen. Oder ob wir vertrauen, dass der letzte Grund allen Seins Liebe ist. Je nachdem, wie wir uns entscheiden, werden wir uns und die Welt anders erleben.

Die zentrale Aussage der Bibel ist, dass Gott Liebe ist. Wenn wir Liebe in uns spüren, dann haben wir etwas von Gott verstanden, dann haben wir teil an Gott. Und diese Liebe lässt es uns aushalten in der Welt, in der so vieles ist, was wir nicht verstehen und nur schwer akzeptieren können.

Aber zugleich zwingt uns die oft grausame Wirklichkeit der Welt, dass wir Gott nicht naiv als „lieben" Vater verstehen. Leid und Grausamkeit der Welt entlarven diese Bilder als bloße Projektionen unserer Sehnsucht nach einer heilen Welt. Trotzdem sollen wir daran festhalten, dass Gott gerecht ist, dass er die Liebe ist. Aber wie wir die schrecklichen Seiten der Wirklichkeit und die Wirklichkeit Gottes, der Liebe und Barmherzigkeit ist, zusammenbringen können, das bleibt ein Geheimnis. Wir sollen durch die Erfahrung des Leids unsere manchmal allzu naiven und optimistischen Gottesbilder zerbrechen lassen, damit wir in der

Dunkelheit nach dem Gott suchen, der trotz aller Finsternis Licht ist und Licht bringt in unsere verdunkeltes Herz.

Wenn ich die Welt mit ihrer Grausamkeit anschaue, fällt es mir schwer, zu sagen, Gott wolle immer das Beste für uns. Ich muss erst einmal meine Sprachlosigkeit aushalten, bevor ich in der Unbegreiflichkeit des Geschehens nach dem unbegreiflichen Gott frage, nach dem Gott, der mich in aller Bodenlosigkeit dennoch trägt und mir in meiner Hoffnungslosigkeit Hoffnung schenkt. Gott ist dann keine glatte Antwort auf die Erfahrung des Leids. Aber ich er-ahne mitten im Leid den Gott, der in Jesus Christus selbst das Leid noch in sich hineingenommen hat und so zu einem leidenden Gott geworden ist.

Kann Gebet etwas bewirken?

● ● ● ● ● ● ●

Im Gebet wenden wir uns an Gott. Wir sagen ihm das, was uns bewegt. Natürlich spüren wir Gott nicht als Gegenüber wie einen Menschen, der uns direkte und hörbare Antwort gibt. Aber allein die Vorstellung, dass wir vor Gott sitzen und ihm unser Herz öffnen, tut uns gut. Beten kann Sprechen sein. Wir sprechen im Gebet zu Gott. Wir sagen einem andern, was uns bewegt. Wir sind immer auf ein Du bezogen, auch wenn uns dieses Du oft entzogen ist. Beten heißt aber nicht nur sprechen. Es kann auch heißen: einfach vor Gott schweigen. Ich sitze schweigend vor Gott und halte ihm hin, was in mir an Gedanken hochkommt. Das ist nicht zu verwechseln mit einer Art Selbstanalyse. Es ist eine Selbstbegegnung im Angesicht Gottes. Ich horche im Gebet in die Stille hinein, um zu hören, was Gott mir antwortet. Die Frage ist, wie Gott antwortet. Sicher ist: Er antwortet nicht wie ein Mensch in klaren Worten. Doch oft taucht dann, wenn wir ihm unsere Anliegen vorgetragen oder ihm unser Herz ausgeschüttet haben, ein Gedanke oder ein Gefühl in uns auf. Die Frage ist, woher dieser Gedanke kommt. Natürlich läuft dieser Gedanke in unserem Gehirn ab. Die Psychologie würde sagen, dass er aus dem Unbewussten stammt. Aber warum gerade dieser Gedanke hochkommt, das kann die Psychologie auch nicht sagen. So dürfen wir durchaus glauben, dass der Gedanke von Gott kommt. Allerdings kommen nur die Gedanken von Gott, die unser Herz weiten, es mit Liebe und Frieden erfüllen. Gedanken, die uns einengen, Angst machen oder überfordern, kommen eher vom eigenen Über-Ich und nicht von Gott.

Was kann das Gebet bewirken? Zunächst verändert es uns selbst. Das Beten tut uns gut. Es bringt uns in die eigene Wahrheit, und es schenkt uns das Vertrauen, dass wir mit unseren Anliegen nicht allein sind. Wenn wir im Gebet etwas erbitten, dann erfüllt sich das Gebet nicht automatisch. Wir dürfen Gott um alles bitten, für uns oder für andere Menschen. Und manchmal dürfen wir auch erfahren, dass das Gebet etwas bewirkt, sodass es uns oder dem andern besser geht, dass eine Krankheit geheilt wird. Aber das ist nicht selbstverständlich. In jedem Gebet fügen wir hinzu: „Dein Wille geschehe!" Wir können im Gebet Gott nicht zu etwas zwingen. Wir können ihn bitten. Im Bitten verwandelt sich schon unsere Situation. Und manchmal dürfen wir auch das Wunder erfahren, dass sich wirklich etwas wendet. Zumindest verwandelt das Gebet uns. Wenn ich für einen anderen bete, bekomme ich mehr Hoffnung ihm gegenüber und kann ihm so vertrauensvoller begegnen. Oft erkenne ich im Gebet, was ich dem andern sagen könnte. Das Gebet verändert mich und meine Beziehungen. Und ich darf vertrauen, dass Gott im anderen neue Gedanken bewirkt, ihn mit Frieden und Zuversicht erfüllt.

Man kann das, was im Gebet geschieht, nur in Bildern ausdrücken. Ein schönes Bild hat der jüdische Philosoph Abraham J. Heschel in seinem Aufsatz „Das Gebet als Äußerung und Einfühlung" verwendet: „Beten heißt, an ein Wort fassen, an den Endpunkt einer Schnur, die gleichsam zu Gott führt. Je größer die Kraft, umso höher ist der Aufstieg an dem Wort. Beten heißt aber auch, dass der Widerhall des Wortes wie ein Senkblei in die Tiefe der Person fällt. Je reiner die Bereitschaft, umso tiefer dringt das Wort." Das Beten führt mich also immer näher zu Gott heran. Aber es bringt mich auch in Berührung mit meinem eigenen Wesen, das mir in der Tiefe meiner Seele oft genug verborgen bleibt.

● ● ● ● ● ● ●

Normalerweise sind es Gläubige, die Gottes Hilfe erfahren. Aber es gibt auch Menschen, die zu glauben erst beginnen, wenn sie – ohne Glauben – auf einmal eine Hilfe erfahren, die sie sich nicht erklären können. Dann stehen sie staunend vor einem Wunder. Und das Wunder treibt sie dazu, an Gottes Hilfe zu glauben. So hat Gott schon viele Menschen angesprochen und sie durch seine unerwartete Hilfe zur Umkehr gerufen. Natürlich gibt es auch Menschen, die diese Hilfe erfahren haben und sie nicht mit Gott in Verbindung bringen. Sie schreiben die Hilfe dem Zufall oder ihren eigenen Überlegungen und Strategien zu. Das ist natürlich auch möglich. Aber damit wird das Leben nicht lebenswerter, sondern eher ärmer und kälter.

Aber Gott hilft nicht nur denen, die an ihn glauben. Niemand fällt aus seiner Fürsorge heraus. Jesus sagt von Gott, dass er seine Sonne über Böse und Gute scheinen und es über Gerechte und Ungerechte regnen lässt (vgl. Mt 5,45). Wenn ich die Heilung meiner Krankheit oder das Bewahrtwerden vor einem Unfall nur dem Zufall zuschreibe, so verliert mein Leben an Tiefe. Ich weiß dann gar nicht, wem ich dankbar dafür sein soll, dass ich gerettet wurde. Es ist dann eben einfach so, und es könnte auch ganz anders sein. Wenn alles nur Zufall ist, dann verliert mein Leben an Sinn und alles wird absurd, ungereimt und widersinnig.

Wieso sollte Gott ein Interesse haben, sich meine Klagen und Bitten anzuhören?

• • • • • • • •

Zunächst ist etwas richtig: Das Klagen und Bitten tut uns gut. Wir wissen, dass wir damit von Gott nicht abgewiesen werden. Ein Mensch ist nur begrenzt aufnahmefähig. Manchmal haben wir den Eindruck, dass ihm unser Klagen zu viel wird. Von Gott dürfen wir annehmen, dass er nie die Geduld verliert. Natürlich ist alles, was wir von Gott sagen, auf menschliche Weise ausgedrückt. Er ist immer noch der ganz andere. Aber wir dürfen vertrauen: Er hört uns gerne zu, weil er uns liebt. Wir dürfen vor ihm sein, wie wir sind, auch mit unseren Bitten und Klagen und unserem Jammern. Die Psalmen laden uns ein, auch unsere Klagen Gott vorzutragen. Indem wir klagen, wandelt sich unser Herz schon. Es verliert die Bitterkeit und schöpft neue Hoffnung. Gott als der unendliche Schöpfer hat durchaus Interesse am Menschen, an mir konkret. Die Mystikerin Mechthild von Hackedorn meint: Gott hat Sehnsucht nach dem Menschen. Er sehnt sich danach, dass wir zu ihm kommen und ihm sagen, was uns auf dem Herzen liegt. Er weiß natürlich alles, was wir ihm sagen. Aber uns tut es gut, es ihm entweder still hinzuhalten oder in Worten oder Gebärden auszudrücken. Vor ihm kann es sich dann wandeln.

Ein neutestamentliches Gleichnis erzählt, dass Gott ein Interesse hat, unsere Bitten anzuhören. Er ist wie ein Freund, der gerne für uns da ist, wenn wir Hilfe brauchen (Lk 11,5–8). Und er ist wie ein Vater, der seinen Kindern gute Gaben gibt (Lk 11,9–13). Jesus fordert uns auf, zu bitten und anzuklopfen: „Denn wer bittet, der empfängt; wer sucht, der findet; und wer anklopft, dem wird geöffnet." (Lk 11,10)

Ist Jesus Gott? Oder Mensch wie wir alle?

• • • • • • •

Jesus – so sagt uns die christliche Dogmatik – ist ganz Mensch und ganz Gott. Die Frage ist: Wie sollen wir das verstehen? Zunächst sehen wir Jesus als Menschen. Er wird in eine konkrete Familie hineingeboren. Er wächst heran, erlernt ein Handwerk, zieht von daheim aus und sammelt Jünger um sich und wird zum Wanderprediger. Er spricht zu den Menschen, heilt ihre Krankheiten, gerät in die Mühlen der Politik und wird ans Kreuz geschlagen. Jesus ist ein jüdischer Rabbi, der viele Überzeugungen und Einsichten mit anderen jüdischen Lehrern teilt.

Aber zugleich geht von diesem Jesus etwas aus, was uns fasziniert. Und Jesus selbst bezeichnet sich mit Bildern, die sein Geheimnis aufleuchten lassen. Er spricht von sich als Menschensohn, oder einfach als Sohn. Im Johannesevangelium meint er damit immer den Sohn des himmlischen Vaters. Nach seinem Tod ist Jesus seinen Jüngern erschienen, sodass ihnen klar wurde: Dieser Jesus ist nicht im Tod geblieben. Er ist von Gott auferweckt worden. Die Jünger haben nach dieser Erfahrung seiner Auferstehung immer mehr über ihn reflektiert. Und sie erkannten, dass er nicht nur ein geliebter Sohn Gottes war, wie das die Juden von jedem guten König oder Propheten oder Frommen gesagt haben, sondern dass er auf einmalige Weise Gottes Sohn war, ja dass in ihm Gott selbst war.

Die Dogmatik der jungen Kirche hat das, was die Jünger mit ihrem Vokabular auszudrücken versuchten – einem Vokabular, das dem jüdischen Verständnis entstammte –, in die

Sprache der griechischen Philosophie übersetzt. Die Konzile von Ephesus und Chalcedon haben dann das Geheimnis Jesu in die Formel gefasst: Jesus war „ganz Mensch und ganz Gott, unvermischt und ungetrennt".

Das Göttliche hat sich nicht mit dem Menschlichen vermischt. Vielmehr war Jesus ganz Mensch. Und es ist wichtig, dass wir ihn heute als religiös begabten Menschen sehen, der tiefe Erfahrungen Gottes gemacht und davon gekündet hat. Aber wir dürfen dabei nicht stehenbleiben. Es bleibt der Stachel, zu sagen: Er war Gottes Sohn. Gott war in ihm. Er war die absolute Selbstmitteilung Gottes. Er war das Wort, das Fleisch geworden ist.

Bei all dem bleibt immer das Geheimnis. Und es bleibt immer die Ahnung, dass wir es letztlich nicht verstehen. Für mich ist das eine gute Theologie, die um dieses Geheimnis weiß und nicht einfach festlegt: „Jesus war nichts als …" All diese Sätze, die genau wissen, was ist, stimmen nicht. Theologie ist der Versuch, das Geheimnis offen zu halten. Wenn wir Jesus als wahren Menschen und wahren Gott bezeichnen, dann ist das ein Offenhalten des Geheimnisses, damit wir aufhören, Jesus auf unsere Maßstäbe festzulegen und ihn mit unseren Projektionen zu belegen.

Was bringt Jesu Botschaft für das Gespräch mit den anderen Religionen?

●　●　●　●　●　●　●

Jesu Botschaft der Liebe und des Mitgefühls, der Barmherzigkeit und der Hilfsbereitschaft gleicht der Botschaft der anderen großen Religionsgründer. Die Kirchenväter sehen in der Feindesliebe die entscheidende Botschaft Jesu, die sie von anderen Religionen und Philosophien unterscheidet. Aber auch in anderen Religionen kennen wir durchaus Ansätze zu einer Feindesliebe. Doch sicher hat Jesus auf neue Art und Weise auf die Liebe zu allen Menschen Wert gelegt.

Nicht das, was Jesus von Gott und vom Menschen sagt, unterscheidet ihn also in erster Linie von anderen Religionsgründern, sondern das, was in ihm aufgeleuchtet ist. In anderen Religionen geht der Weg vom Menschen zu Gott. Der Mensch soll Gottes Willen erfüllen oder im Gebet und in der Meditation sich Gott öffnen, dann kommt er Gott näher.

Das Neue und andere am Christentum: In Jesus ist Gott selbst zu uns gekommen. Er ist vom Himmel zu uns herabgestiegen und hat uns sein göttliches Leben geschenkt. Und Gott ist in Jesus Mensch geworden, er hat mit uns gelebt und gelitten. Dieser Jesus ist von seinen Gegnern ans Kreuz geschlagen worden und ist am dritten Tag auferstanden. Dass der Begründer der Religion gekreuzigt wurde, ist einmalig. Und darin ist eine heilende und befreiende Botschaft: Es gibt nichts, was nicht verwandelt werden kann. Es gibt keine Dunkelheit, in die nicht das Licht reicht, kein Grab, in dem nicht das Leben ist, kein Tod, der nicht zur Auferstehung führt. Im Tod Jesu am Kreuz zeigt sich die Liebe

Gottes, die sich in unsere Welt hineingewagt hat und an der Grausamkeit der Welt stirbt und gerade so diese Welt an ihrer dunkelsten Stelle mit Liebe erfüllt. Das ist eine faszinierende Botschaft, die mir in Jesu Tod und Auferstehung begegnet und die ich so nicht in anderen Religionen sehe.

Im Dialog mit den anderen Religionen ist es heute wichtig, das je Eigene zu entdecken, um die eigene christliche oder islamische oder buddhistische Identität klarer zu entdecken. Zugleich ist es aber auch wichtig, das Gemeinsame zu erkennen. Jesus ist nicht nur der Erlöser und der Sohn Gottes. Er ist auch der Lehrer der Weisheit. So hat ihn uns Matthäus geschildert, der die Weisheit des Ostens und des Westens in sich verbindet. So hat ihn Lukas im Dialog mit der griechischen Philosophie beschrieben: als den Anführer zum Leben, als den Anleiter zu gelingendem Leben. Paulus hat Jesus immer schon im Dialog mit der stoischen Philosophie und mit den Mysterienkulten beschrieben, die damals das religiöse Leben im Mittelmeerraum prägten. Jesus selbst sendet die Jünger in alle Welt, damit sie die Frohe Botschaft von dem Gott als dem barmherzigen Vater in alle Welt zu bringen. Und die ersten Christen haben es als befreiend erlebt, dass das Heil, das Jesus ihnen verkündet und gebracht hat, allen Menschen gilt.

Die christliche Botschaft war immer offen für die Weisheit, die sie in anderen Kulturen und Religionen gefunden hat. Die Jünger Jesu haben die neue Botschaft, die sie verkündeten, immer im Hören auf die Weisheit formuliert, die sie bei den Menschen in den verschiedenen Kulturen und Religionen vorfanden.

Im Dialog mit den Religionen geht es einmal um die Erfahrung der eigenen Identität, aber dann zugleich um die

Aufgabe, dass die Religionen gemeinsam ein Ethos entwickeln, das die Werte in dieser Welt hochhält, die in allen Religionen geschätzt werden. Auf diese Weise tragen die Religionen praktisch dazu bei, dass die Verbindung aller Menschen untereinander wächst, dass Achtung und Verstehen die Menschen zusammenführen und so ein dauerhafter Friede möglich wird.

Brauche ich die Kirche, um Gott zu finden?

• • • • • • •

Zunächst muss sich jeder Mensch allein auf die Suche nach Gott machen. Und er kann ihn auch allein finden: in der Stille, in der Meditation, in der Einsamkeit. Aber wir wissen um die Gefahr, dass wir uns auch verirren und dass wir unsere Meinungen absolut setzen. Es gibt ja viele selbsternannte Gurus, die von ihren besonderen Erfahrungen erzählen und Menschen an sich binden. Die spirituelle Suche ist zwar Aufgabe jedes Einzelnen, aber wir sind nicht allein, wir brauchen auch das Korrektiv der anderen. Wir brauchen eine Gemeinschaft, die uns bei dieser Suche trägt. Und insofern brauchen wir die Kirche als Gemeinschaft, innerhalb derer wir Gott suchen. Gott kann ich auch allein loben. Aber das gemeinsame Lob Gottes hat eine eigene und besondere Kraft. Jesus hat eine Jüngerschar um sich versammelt. Er hat mit ihnen ein gemeinsames Mahl gefeiert. Beim letzten Mahl, in dem er sich von den Gaben von Brot und Wein selbst gegeben hat, hat er ihnen aufgetragen: „Tut dies zu meinem Gedächtnis!" Mahl feiern kann man nicht allein. Dazu braucht es die Gemeinschaft. So ist die Gemeinschaft der Kirche der Ort, an dem wir wichtige Erfahrungen machen. In der Eucharistie erfahren wir Jesus, den Gekreuzigten und Auferstandenen, in unserer Mitte. Wir feiern seine Hingabe am Kreuz, die in den Gaben von Brot und Wein sichtbar werden. Wir haben teil an seiner todüberwindenden Liebe, und wir werden im Mahl eins mit ihm und miteinander.

Wir müssen die Kirche nicht absolut setzen. Wir spüren, dass sie auch sehr menschlich ist, mit Fehlern und Schwächen, wie sie jede menschliche Gemeinschaft hat. Aber wir dürfen vertrauen, dass wir in ihr Christus begegnen und dass sie uns hilft, uns immer wieder neu auf die Suche nach Gott zu machen. Oft genug dürfen wir auch erfahren, dass sie uns trägt und uns, wenn wir in die Irre gehen, korrigiert. Gott finden ist etwas ganz und gar persönliches. Ich muss ihn selber finden. Aber die Kirche kann mir bei dieser Suche helfen. Und sie kann der Ort sein, an dem ich Gott begegne. Natürlich gibt es auch die Erfahrung, dass mir die Kirche mit ihren menschlichen Schwächen Gott auch verstellen kann. Aber ich vertraue darauf, dass die Kirche sich immer wieder von Gott erneuern lässt und so zum Ort auch meiner Gottsuche wird, zum Ort, an dem ich immer wieder Gott erfahren kann, in der Liturgie, in den Sakramenten und auf dem spirituellen Weg, auf dem ich von den geistlichen Erfahrungen der vielen profitiere, die diesen Weg vor mir gegangen sind.

Was ist und wohin führt der spirituelle Weg?

• • • • • • • •

Seit jeher haben die Menschen ihr Leben als Weg verstanden. Es ist nicht nur ein Weg zu immer größerer Reife. Sie haben ihr Leben auch als Weg zu einem Ziel hin, zu Gott, verstanden. Das ist der spirituelle Weg. Wir verstehen darunter den Weg, auf dem wir nach innen gehen, um in unserem Herzen immer mehr vom Geist Gottes erfüllt und verwandelt zu werden. Der spirituelle Weg ist ein Weg des immer Durchlässigerwerdens für diesen Geist, für den Geist Jesu Christi. Er geht über den Weg der Achtsamkeit, der Stille, der Kontemplation, des Gebetes und der Askese. Das sind konkrete Mittel, die uns voranbringen. In der christlichen Tradition gibt es verschiedene Wege, die alle zum gleichen Ziel führen wollen: zur Offenheit für Gott und zum Verwandeltwerden durch Gottes Geist. Die einen gehen einen Weg, der stark durch den liturgischen Vollzug geprägt ist, die andern suchen den Weg der Stille und Einsamkeit, wieder andere gehen den Weg der Nächstenliebe, weitere den Weg der Askese und klaren Selbstdisziplin. Entscheidend ist auf all diesen Wegen, dass ich nicht um mich und mein Fortkommen kreise, sondern auf Gott als die immer größere Wirklichkeit zugehe und offen werde für seine unbegreifliche Liebe. Und wichtig ist, dass dieser Weg fruchtbar wird für die Welt, dass er mich zu den Menschen führt.

Jeder Mensch geht in irgendeiner Weise einen spirituellen Weg, denn jeder macht auf seinem Weg auch spirituelle Erfahrungen. Eine Gefahr ist, dass ich mich auf meinem spirituellen Weg über andere stelle, dass ich ihnen vermittle:

„Ihr habt ja keine Ahnung. Ihr lebt nur an der Oberfläche. Aber ich habe mich wirklich auf den inneren Weg gemacht. Ich habe tolle spirituelle Erfahrungen gemacht." Wenn jemand seinen spirituellen Weg so versteht, hat das nichts mehr mit dem Weg zu tun, auf den Jesus uns schickt. Jesus sagt uns im Gleichnis von dem unnützen Sklaven: „Wenn ihr alles getan habt, was euch befohlen wurde, sollt ihr sagen: Wir sind unnütze Sklaven; wir haben nur unsere Schuldigkeit getan." (Lk 17,10)

Der Weg der Spiritualität muss in den Alltag führen. Er besteht darin, einfach zu tun, was „dran ist", was ich dem Augenblick schuldig bin, was ich mir und meinem Wesen schuldig bin, was ich dem andern schulde und was ich Gott schulde. Die chinesische Tradition sagt nichts anderes aus: „Tao, der innere Weg, ist das Gewöhnliche." Wenn ich mich auf meinem spirituellen Weg über andere stelle, werde ich nicht vom Geist Jesu erfüllt, sondern vom Geist der Hochmut. Ich blähe mich mit spirituellen Ideen auf und habe vom spirituellen Weg, wie ihn Jesus versteht, nichts verstanden. Der hl. Benedikt hat uns Mönche in seiner Regel zu einer sehr alltäglichen Spiritualität aufgerufen. Für Benedikt entscheidet sich Spiritualität nicht in frommen Gefühlen, sondern in der Bereitschaft, mich auf die Arbeit einzulassen, auf die konkrete Gemeinschaft, auf die Tagesordnung und auf das gemeinsame Gebet.

Spiritualität muss konkret werden. Sie zeigt sich in der Gestaltung des Alltags durch heilende Rituale. Sie zeigt sich in einem liebevollen Umgang mit den Menschen, in der Bereitschaft zu helfen, wo andere meiner bedürfen, und in einer Arbeit, in der ich den Menschen diene und nicht meinem eigenen Image. Ob ein Mensch spirituell ist, das – so meint Benedikt – lesen wir immer an seinem Alltag ab: an seiner Art, mit den Dingen der Welt umzugehen, in der Weise, wie er den Menschen begegnet, wie er seine Zeit gestaltet und nicht zuletzt im Umgang mit sich selbst. Darin wird deutlich, ob es ihm in allem um ihn selbst geht oder letztlich um Gott. Für Benedikt ist das Ziel jeder Spiritualität, „dass in allem Gott verherrlicht werde". Und diesen Grundsatz bringt er in seiner Regel gerade im nüchternen Kapitel über die Handwerker. Wie sie arbeiten und mit den Produkten ihrer Arbeit umgehen, daran entscheidet sich, ob sie sich von Habsucht und Gier leiten lassen oder aber ob es ihnen um die Verherrlichung Gottes geht.

WIE SOLL ICH HANDELN?
WOFÜR BIN ICH VERANTWORTLICH?

*Bin ich nicht einmal zuerst für mich verantwortlich,
bevor ich für andere verantwortlich bin?*

● ● ● ● ● ● ●

Die Philosophen verstehen unter Verantwortung die
Zuständigkeit des Menschen für sein Tun und Lassen, für
die Formung seiner eigenen Persönlichkeit und für die
von ihm übernommenen Aufgaben in der Gesellschaft. Max
Weber hat das Wort von der „Verantwortungsethik" geprägt. Und der moderne Philosoph Hans Jonas hat seine
praktische Philosophie für die moderne Gesellschaft pro-
grammatisch zusammengefasst in dem Buch „Das Prinzip
Verantwortung". Verantwortung ist das, was den Menschen
zum Menschen macht. Der Mensch ist für sich und für sein
Leben verantwortlich, verantwortlich vor Gott – so sagen
die Theologen, und verantwortlich vor sich selbst und vor
den Menschen – so sagen die Philosophen. Die Bibel versteht den Menschen als einen, der auf den Ruf Gottes hin
antwortet. Doch was heißt das konkret? Wie und wann
muss ich Verantwortung übernehmen?

Zuerst muss ich natürlich Verantwortung für mein Leben
übernehmen. Ich kenne viele Menschen, die ständig andere
dafür verantwortlich machen, dass ihr Leben nicht gelingt:
„Die Eltern, die Lehrer und Erzieher sind schuld, dass
ich verletzt worden bin und daher mein Leben nicht
bewältige." Das kann eine bequeme Strategie sein. Ich be-
nutze meine Verletzungen als Vorwand, nicht selber leben
zu müssen. Doch irgendwann muss ich in meinem Leben
die Verantwortung für mich selbst übernehmen. Das ist
meine Geschichte, das sind meine Stärken, das sind meine
Schwächen, meine Verletzungen und meine Erfahrungen

von Geborgenheit oder Verlassenheit. Verantwortung heißt: Ich nehme diese meine Geschichte an und gestalte sie. Ich bin verantwortlich dafür, was ich aus dem, was mir vorgegeben ist, mache.

Es gehört aber auch zu unserem Leben, dass wir für andere Verantwortung übernehmen. Wenn zwei Menschen heiraten, übernehmen sie füreinander Verantwortung. Und wenn sie Kinder bekommen, sind sie für sie verantwortlich. Jeder, der eine Firma leitet, trägt Verantwortung für seine Mitarbeiter. Aber nicht nur die Führungskraft, auch jeder Mitarbeiter übernimmt Verantwortung für das Gelingen des Ganzen. Und es gilt für alle Lebensbereiche: Ohne diese Bereitschaft, verantwortlich zu sein, gelingt das Leben nicht.

Pascal Bruckner, ein französischer Philosoph, hat in unserer Gesellschaft einen Mangel an Verantwortung erkannt. Seine Diagnose: Viele fühlen sich als alternde Riesenbabys, die immer nur Forderungen an die anderen haben, aber nicht bereit sind, Verantwortung für sich selbst und für andere zu übernehmen. Sie erwarten etwas von andern, von der Gesellschaft, vom Staat, von der Kirche. Aber sie sind nicht bereit, etwas zu geben, sich selbst hinzugeben an eine Sache, für einen andern, für eine Gemeinschaft. Wer die Verantwortung für sein eigenes Leben verweigert, ist meistens auch nicht bereit, für andere Verantwortung zu übernehmen. Insofern hängt die Verantwortung für mich und für andere zusammen.

*Ich lebe Rollen, Funktionen: Bin ich wirklich frei
in dem, was ich tue – oder bin ich das Produkt meiner
Erziehung, meiner Gene, meiner Umwelt?*

● ● ● ● ● ● ●

Meine Aufgabe besteht nicht in einer großen Leistung, sondern zuerst einmal darin, dass ich mein einmaliges Leben lebe, das Gott mir zugedacht hat. Zu diesem Leben gehören auch meine Fähigkeiten. Daher ist es sinnvoll, zu schauen, wo ich meine Fähigkeiten gut einsetzen kann. Natürlich habe ich auch Rollen und Funktionen auszufüllen. Ich darf aber nicht nur in Rollen und Funktionen aufgehen, sonst lebe ich nicht, sondern werde gelebt. Ich kann aber meine Rolle zur Aufgabe wandeln, wenn ich mich selbst darin einbringe.

Natürlich ist mir vieles im Leben vorgegeben: meine Gene, meine Erziehung, meine Umwelt. Aber ich bin nicht einfach das Produkt der Vererbung, nicht nur das Ergebnis des Erziehungsstils meiner Eltern und auch nicht bloßes Resultat der sozialen Verhältnisse, in die ich hineingeboren wurde. Es ist meine Verantwortung, auf diese Bedingungen, auf diese „Mitgift" meines Lebens zu reagieren und aus dem, was mir vorgegeben ist, etwas zu gestalten. Allerdings darf ich nicht gegen mein Wesen arbeiten, sondern mit ihm. Ich muss also wahrnehmen, wie meine Erziehung mich geformt hat. Dann kann ich sehen, wie ich darauf reagiere. Ich kann mich dann darauf einstellen und sehen, wie ich mit meinen Verletzungen umgehen, ja sie vielleicht so formen kann, dass daraus Kraft erwächst. Ähnlich ist es mit dem sozialen Milieu, in dem ich mich bewege oder aus dem ich komme. Ich kann zusehen, dass ich meinen Platz auf der Welt und eine Aufgabe finde, die mir wirklich angemessen ist. Diese Aufgabe ist keineswegs immer vom Beruf abhängig. Unabhängig vom Beruf habe ich eine Aufgabe, diese Welt menschlicher zu gestalten, etwas von der Menschenfreundlichkeit Gottes in dieser Welt aufstrahlen zu lassen.

Ich erfahre immer wieder, dass ich schuldig werde gegenüber andern, dass ich hinter dem zurückbleibe, was ich eigentlich will.

● ● ● ● ● ● ●

Die Erfahrung der Schuld macht jeder Mensch. Auch wenn wir uns noch so sehr bemühen, alles richtig zu machen, machen wir Fehler. Auch wenn ich Verantwortung für mein Leben übernehme und meine Ideale verwirklichen möchte, erlebe ich, dass ich hinter diesem Idealbild zurückbleibe. Wir bleiben anderen immer etwas „schuldig", auch wenn wir uns anstrengen, es ihnen recht zu machen. Ich kann daran verzweifeln. Oder aber ich kann mich so, wie ich bin, Gott hinhalten und erfahre dann, dass ich mit meinem Zurückbleiben von Gott angenommen bin. Diese Erfahrung befreit mich von den ständigen Selbstvorwürfen, dass ich alles verkehrt mache, dass ich schuldig sei, weil ich Fehler gemacht habe. Auch in unserem Miteinander verletzen wir andere. Wir werden ihnen nicht gerecht, weil wir zu sehr um uns kreisen und keinen Blick für sie und ihre Not haben. Ich kenne Menschen, die sich zum Beispiel ständig vorwerfen, dass sie ihre verstorbene Mutter verletzt haben, weil sie bei der Pflege zu aggressiv waren. Sie fühlen sich schuldig und können sich nicht verzeihen, dass sie ihr eigenes Ideal nicht erfüllt haben.

In solchen Situationen ist es wichtig, an die Vergebung Gottes zu glauben, um frei zu werden von den Selbstvorwürfen und von der Selbstzerfleischung durch Schuldgefühle. Die Erfahrung von Gottes Vergebung muss allerdings dann auch dazu führen, dass ich mir selbst vergebe. Sich selbst vergeben heißt zuerst, Abschied nehmen von dem hohen Idealbild, das ich mir von mir gemacht habe. Ich bin auch dieser Mensch, der schuldig geworden ist. Das zu akzeptieren verlangt die Haltung der Demut. Demut ist ja heute kein moderner Begriff. Demut – humilitas – meint eigentlich den Mut, hinabzusteigen vom Thron meiner Selbstgerechtigkeit und Mensch unter Menschen zu werden, mich in meiner Menschlichkeit, meiner Erdhaftigkeit anzunehmen. Humilitas kommt von humus, Erde. Wer demütig ist, steht mit beiden Füßen auf der Erde, hat Bodenkontakt und erhebt sich nicht über andere. Und der Demütige ist barmherzig mit andern Menschen. So kann gerade die Erfahrung der eigenen Schuldigkeit zu einem guten Umgang mit mir selbst und mit andern führen.

Es ist sinnvoll, dass wir unterscheiden zwischen Schuld und Schuldgefühlen. Viele haben Schuldgefühle, ohne dass sie wirkliche Schuld auf sich geladen haben. Sie reagieren mit Schuldgefühlen, wenn sie ihre eigenen Vorstellungen vom Leben nicht verwirklichen. Es ist wichtig, die Schuldgefühle anzuschauen und im Gespräch mit ihnen zu erkennen, wo meine inneren Maßstäbe übertrieben sind. Manchmal werde ich auch erkennen, dass die Schuldgefühle auf eine ganz anderswo liegende Schuld hinweisen, der ich mich aber lieber nicht stellen möchte.

Die Theologie unterscheidet auch zwischen Sünde und Schuld. Schuld ist Verweigerung des Lebens. Ich bleibe mir, dem Nächsten und Gott etwas schuldig. Unter Sünde verstehen wir in der Regel das Übertreten von Geboten. Doch dieses Verständnis ist allzu äußerlich. Das griechische Wort für Sünde (hamartia) meint ein Verfehlen des Lebens. In der Sünde verfehle ich mein wahres Wesen. Ich lebe an meiner Wahrheit vorbei. Das deutsche Wort „Sünde" kommt von

„sondern, absondern". In der Sünde sondere ich mich vom Leben ab, schließe ich mich aus vom Strom des Lebens. Da kommt etwas in mir zum Stocken, weil ich mich von meinem eigenen Wesen entfremdet habe.

Auch der Begriff der Erbsünde ist für viele heute missverständlich. Doch Erbsünde beschreibt einfach die Tatsache, dass wir in eine Welt hinein geboren werden, die von der Sünde infiziert ist. In unserem Denken und Fühlen werden wir geprägt von unserer Umgebung. Und die ist keine heile Welt. Die Antwort der Theologie: Dort, wo Christus in uns ist, sind wir von der Erbsünde befreit. Und das heißt: Dort, wo er in uns wohnt, ist ein Kern, der lauter und rein ist, der von der Sünde nicht infiziert ist, der ursprünglich, unverfälscht und gut ist.

Gibt es ein eingeborenes Gewissen – oder ist es von den Eltern bzw. der Gesellschaft eingepflanzt?

● ● ● ● ● ● ●

Die Philosophen der griechischen und römischen Zeit waren überzeugt, dass es ein Gewissen gibt, das Gott dem Menschen eingestiftet hat. Für die Römer Cicero und Seneca ist das Gewissen die innere Instanz, die beurteilen kann, ob die Lebensführung mit dem eingepflanzten Gesetz der Natur übereinstimmt. Augustinus sieht es ähnlich. Für ihn ist das Gewissen das verborgene Innere der Person. Hier kommt die Person zu ihrem wahren Kern. Im Gewissen hat sie ein Gespür für das, was der Wille Gottes ist oder was das natürliche Gesetz der Natur ist, dem der Mensch entsprechen soll.

Natürlich wissen wir, dass unser Gewissen auch durch die Umwelt geprägt wird. Sigmund Freuds Begriff des Über-Ichs meint genau das: dass sich die gesellschaftlichen Normen und die Stimmen der Eltern im Menschen verinnerlicht haben. Diese Stimmen des Über-Ichs lassen sich tatsächlich nicht immer so leicht von der Stimme des Gewissens unterscheiden. Doch schon die frühen Mönche haben genaue Kriterien angegeben, um den Willen Gottes im Gewissen zu unterscheiden von den inneren und äußeren Verboten und Geboten der Eltern. Diese Mönchspsychologen wissen: Die Stimme Gottes unterscheidet sich von den Stimmen der Eltern durch die Wirkung auf die Psyche des Menschen. Die Stimme Gottes bewirkt immer Lebendigkeit, Frieden, Freiheit und Liebe. Die Stimmen der Eltern erzeugen in uns oft Enge und Angst, Überforderung und Härte. Sie sind oft Antreiber, die uns zu immer mehr Leistung und zu immer genauerem Befolgen von Geboten anpeitschen. Gott ist kein Antreiber, sondern ein Wecker des Lebens.

Es ist beständige Aufgabe, das Gewissen zu bilden. Dabei sollen wir uns mit den Normen auseinandersetzen, wie sie uns in der Natur vorgegeben sind und wie sie die Philosophie und Theologie uns vor Augen führen. Und wir sollen überlegen, wo unser Gewissen allzu sehr von der Umgebung beeinflusst ist, wo wir etwas nur tun, weil es alle tun. Das Gewissen ist die innerste Instanz des Menschen. Der Mensch soll immer nach seinem Gewissen handeln. Dabei weiß die christliche Tradition, dass wir uns im Gewissen auch irren können, weil wir von falschen Voraussetzungen ausgehen. Dort, wo unser Gewissen eine Norm für die konkrete Situation als nicht richtungsweisend erfährt, dürfen wir diese Norm auch überschreiten. Aber wir sollten verantwortungsvoll mit unserem Gewissen umgehen.

Die kirchliche Lehre betont immer, dass das Gewissen die oberste Norm sei. Allem Gehorsam gegenüber Autorität und von außen gesetzten Normen gehe diese Gewissensnorm voraus. Von dem englischen Kardinal John Henry Newman wird berichtet, dass er von Bischöfen eingeladen wurde, einen Toast auf den Papst und seine Autorität anzubringen. Er antwortete in typisch englisch vornehmer Weise, dass er das gewiss sehr gern tue. Aber bevor er auf den Papst trinke, wolle er erst auf das Gewissen anstoßen ... Das Gewissen stehe über allen äußeren Autoritäten und Normen.

Richtiges und falsches Handeln: Kann man das wirklich so klar unterscheiden?

* * * * * * *

Früher, so scheint es, hat man leichter zwischen richtig und falsch unterscheiden können. Heute wissen wir, dass es nicht immer so einfach ist. Denn unsere Motive sind oft vermischt. Und was für den einen gut ist, scheint für den andern falsch zu sein. Wir können die Wirkungen unseres Handelns nicht immer voraussehen. Nicht alles, was gut gemeint ist, ist auch gut in seiner Auswirkung. Trotzdem gibt es Maßstäbe.

Falsch ist das, was den Menschen schadet. Richtig ist das, was die Menschen aufrichtet. Man könnte auch sagen, was für sie „stimmt". Das ist natürlich eine sehr allgemeine Erklärung. Richtig ist das, was der Wirklichkeit entspricht. Falsch ist das, was die Wirklichkeit verfälscht und ihr widerspricht. Wenn man sagt, das richtige Handeln richte sich nach den Maßstäben, die es im Naturgesetz vorfindet oder in den Normen der Religion, dann fängt der Zweifel schon an. Religionen werden möglicherweise überfordert, wenn man von ihnen in allen Fällen konkrete Handlungsanweisungen verlangt. Ein solches Verständnis von Religion deutet eher in die falsche Richtung. Da ist der Hinweis wichtig, dass wir bei der Ausrichtung unseres Handelns auch unsere Vernunft einsetzen.

Ist damit schon in jedem Fall richtig und gut, was der Vernunft entspricht? Auch das darf nicht zum alleinigen Maßstab gemacht werden. Ein anderes Kriterium sollte ergänzend dazukommen: Richtig ist auch, was der Liebe entspringt und nicht dem Hass. Auch die Vernunft ist bisweilen von Gefühlen geleitet. Wenn Vernunft aus dem Hass heraus agiert, wird sie blind. Und dann kann sie zwar rational schlüssige Handlungen hervorbringen, die aber letztlich falsch sind, weil sie den Menschen schaden. Auch vernünftige Menschen haben im Namen der Wahrheit Gewalt gegen andere Menschen ausgeübt. Sie haben sich im Besitz der Wahrheit gefühlt und gemeint, sie müssten die andern mit Gewalt zur Wahrheit treiben. Fanatische Fundamentalisten berufen sich auf die Wahrheit und wollen sie mit allen Mitteln durchsetzen. Sie sind blind für ihre menschenverachtende und gewalttätige Seite, weil sie vor lauter Wahrheitsversessenheit ihre Augen verschließen vor den persönlichen Machtbedürfnissen, die sie unter dem Deckmantel der Wahrheit ausagieren.

In der Philosophie hängt Richtigkeit immer mit der Wahrheit zusammen. Richtig ist das, was der Wahrheit entspricht. Aber während die Wahrheit sagt, was der Wirklichkeit entspricht, steckt in der Richtigkeit (rectitudo) auch eine Forderung. Es ist die Forderung, das auch zu *tun*, was der Wahrheit angemessen ist.

Wem bin ich letztlich verantwortlich in dem, was ich tue?

Schon das Wort Verantwortung zeigt: Ich bin einge-bunden in vielfältige Bezüge – auf andere und auf anderes. Alles, was ich tue, hat Auswirkungen auf meine Umgebung. So bin ich den Menschen gegenüber verantwortlich, mit denen ich zusammenlebe. Aber ich lebe nicht nur in einer Gemeinschaft von Menschen und in einer natürlichen Um-gebung, die mein Lebensraum ist. Ich lebe auch vor Gott. Ich bin nicht zufällig in diese Welt gesetzt. So trage ich letztlich Verantwortung gegenüber meinem Schöpfer. Er hat mich in einer ganz bestimmten Weise geschaffen. Ich kann nicht an meinem Wesen vorbei leben. Mein Leben ist mir anvertraut. Es ist meine Aufgabe, so zu leben, wie es mei-nem Wesen entspricht. Und in mir ist eine Ahnung, was für mich und mein Handeln richtig ist. Die Alten bezeichnen dieses innere Wissen als Gewissen. Das Wort „Gewissen" ist die deutsche Übersetzung des lateinischen „*conscientia*", das Mitwissen und Bewusstsein bedeutet. Zugrunde liegt das griechische Wort „*syneidesis*". Es kommt von *idein* „sehen", und *syn* „mit". Diesem Wort liegt die Vorstellung zugrunde, dass es bei allem, was wir tun, einen inneren Zeugen gibt, einen „inneren Mitwisser", der sieht, ob wir richtig oder falsch handeln, dem Willen Gottes gemäß oder im Widerspruch dazu. Das deutsche Wort „Gewissen" meint daher auch „inneres Bewusstsein, Bewusstheit, Mit-wissen". Das deutsche Wort „wissen" heißt eigentlich „sehen". Da ist in mir ein innerer Zeuge, der genau sieht, was ich tue, und der es zugleich bewertet. Wenn ich handle, bin ich immer meinem Gewissen gegenüber verpflichtet. Ich kann nicht an diesem inneren Wissen vorbei leben. Das würde mich spalten. In allem, was ich tue und spreche, bin ich daher meinem Gewissen gegenüber verantwortlich. Im Gewissen aber spricht letztlich Gott. Und so bin ich ihm gegenüber verantwortlich.

Sigmund Freud sprach vom Über-Ich. Was er richtig sieht, ist: Oft sind es Stimmen, die mich zensieren, die mir vieles verbieten oder etwas befehlen, was ich unbedingt tun muss. Es sind Antreiber, die mich anstacheln: „Tu endlich etwas! Sei schneller! Sei besser! Leiste endlich etwas!" Oder es sind Bewerter und Entwerter: „Du bist unmöglich! So etwas tut man nicht! Du bist schlecht!" Es ist nicht immer einfach, im Gewissen die Stimme Gottes von der Stimme des Über-Ichs zu unterscheiden. Ein wichtiges Kriterium zur Unterscheidung aber gibt es: Die Stimme Gottes im Gewissen führt immer zu mehr Lebendigkeit, Freiheit, Frieden und Liebe. Die Stimme des Über-Ichs dagegen engt ein und macht Angst. Sie überfordert uns und erzeugt in uns ein schlechtes Gewissen.

Trage ich Verantwortung nur für meine nächste
Umgebung? Oder auch für das Ganze?

• • • • • • •

Zunächst tragen wir die Verantwortung für unsere un-
mittelbare Umgebung. Was wir tun, hat Auswirkungen auf
die Familie, auf die Firma, auf die Nachbarschaft, auf die
Freunde. Aber niemand ist eine Insel und letztlich sind wir
immer Teil des Ganzen. Als Menschen sind wir verantwortlich für die ganze Welt. Die heutige Psychologie hat uns neu
gezeigt, dass wir mit unserem Denken etwas ausstreuen, das
sich in der ganzen Welt auswirkt. Unsere Gedanken und
Gefühle gehen weiter. Wir sind dafür verantwortlich, ob
von uns eine negative Stimmung ausgeht oder eine positive
Energie. Auch wenn wir die Wirkung unserer Gedanken
und Gefühle oft nicht erkennen können, wirkt alles, was wir
denken, fühlen und tun, in diese Welt hinein. Unser Handeln zieht Kreise und bestimmt ein Geflecht wechselseitig
anhängiger Wirklichkeitsbereiche mit. Daher sind wir in
allem, was wir tun, für das Ganze der Welt verantwortlich.
Das heißt nicht, dass wir den konkreten Nächsten vergessen dürften, nur um an die ganze Menschheit zu denken.

Ein neues Gespür für diese Verantwortung für das Ganze
hat die ökologische Bewegung entwickelt. Wie wir mit der
Schöpfung umgehen, das wirkt sich nicht nur unmittelbar
in unserem Garten aus, sondern in der ganzen Welt. Wenn
wir mit unserem Auto CO_2 ausstoßen, so hat das Auswirkungen auf das Klima der Erde. Wir hängen in allem, was
wir tun, miteinander zusammen. Daher sind wir in unserem
Tun verantwortlich für das Ganze. Das ist uns nicht immer
unmittelbar bewusst. Aber wir sollten es uns immer wieder

klar machen. Wir leben nicht einfach nur für uns dahin. Wenn wir unsern Müll nicht aufräumen, ist es nicht nur unser Privatvergnügen, sondern wir schaden der Welt als ganzer. Und wenn wir uns ökologisch sinnvoll verhalten, dann hat auch das positiven Einfluss auf das Ganze.

Auch wenn ich als Einzelner nicht bewirken kann, dass alles gut wird, kann ich also meinen Beitrag dazu leisten, dass manches in dieser Welt besser wird. Ich darf mich nicht mit der Ausrede aus der Verantwortung stehlen, dass die anderen die Welt bestimmen und dass ich ja keinen Einfluss auf das Gesamt der Welt habe. Jeder gräbt mit seinem Leben eine Spur in diese Welt ein. Und von diesen Spuren wird die Welt geprägt. Ich habe die Verantwortung, dass ich dort, wo ich lebe, eine gute und lebensspendende Spur in diese Welt eingrabe. Ich kann und muss dazu beitragen, dass es um mich herum besser wird, dass das Gute in mir und durch mich in dieser Welt sichtbar wird. Das kann ich nicht anderen überlassen. Ich muss bei mir selbst anfangen.

Gott hat die Welt gut geschaffen, und er hat das Gute in mich hineingelegt. So ist es meine Verantwortung, das, was Gott mir gegeben hat, auch in die Welt hineinfließen zu lassen und an der guten Gestaltung der Welt mitzuarbeiten.

Muss ich mich engagieren? Ist nicht auch Aktionismus eine Gefahr?

* * * * * * *

Zum Menschsein gehört, dass wir unser Leben selbst in die Hand nehmen und es gestalten. Gott hat uns Hände gegeben, damit wir mit ihnen etwas tun, damit wir handeln. Das gehört zu unserem Wesen als Mensch. Auch die Tradition der Mönchsväter kennt diese Notwendigkeit zum Handeln: „Wenn deinen Worten keine Taten folgen, gleichst du dem Baum, der Blätter, aber keine Frucht trägt", heißt es in einem Väterspruch. Aber natürlich braucht es immer wieder auch den Rückzug, damit wir unser Handeln genauer bedenken und nicht einfach tun, was die andern auch tun. Aber dieser Rückzug ist nicht gleichzusetzen mit einem bloß passiven Sich-Abwenden von den Forderungen des Alltags und mit einer Flucht in die Gleichgültigkeit gegenüber der Wirklichkeit.

In der geistlichen Tradition sprechen wir von „ora et labora" – „bete und arbeite". Das Beten macht uns sensibel für das, was wir tun sollen. Ohne Gebet wird unser Handeln oft blind und kann zum leeren Aktionismus werden. Das Gebet zeigt uns, wo wir uns engagieren sollen und wie unser Handeln sinnvoll ist. Heute benennen wir diese Spannung zwischen Gebet und Arbeit mit anderen Begriffen. Von „Kampf und Kontemplation" sprach Roger Schutz von Taizé. Der Befreiungstheologe Johann Baptist Metz betonte, ebenso wie die feministische Theologin Dorothee Sölle den Zusammenhang von „Mystik und Politik". Und auch in anderen Religionen finden wir die Verbindung von Meditation und sozialer Verantwortung, etwa im „engagierten Buddhismus" des vietnamesischen Mönchs Thich Nhat Hanh oder bei dem jüdischen Theologen Abraham J. Heschel, der in der Tradition der biblischen Propheten die Verbindung von Ethik und Mystik betonte und den ein berühmtes Bild an der Seite des Bürgerrechtlers Martin Luther King beim Protestmarsch in Selma, Alabama zeigt.

Jesus selbst hat uns in der bekannten Geschichte von Martha und Maria gezeigt, dass wir beide Pole, Aktion und Kontemplation, brauchen (Lk 10,38-42). Wir sollen wie Martha zupacken, wo es notwendig ist. Wir sollen gastfreundlich mit unseren Gästen umgehen und gut für sie sorgen. Doch es braucht in uns auch die Maria, die sich einfach Zeit nimmt, sich Jesus zu Füßen zu setzen und zu hören, was er ihr zu sagen hat. Wenn wir uns keine Zeit mehr nehmen für das Gebet, für die Stille, für das Hören und Reflektieren, dann merken wir nicht, dass wir mit unserem Tun gar nicht auf die wirklichen Bedürfnisse der Menschen antworten. Dann besteht die Gefahr, dass wir nur um uns und unseren guten Ruf kreisen. Ein solches Handeln, mit dem wir uns nur selbst beweisen wollen, bringt auch für die andern keine Frucht. Damit unser Tun fruchtbar wird, braucht es den Rückzug ins Gebet, in die Kontemplation und die Stille. Aber das ist etwas ganz anderes als ein Sich-Wegducken vor den realen Erfordernissen des Lebens.

Warum eigentlich soll ich mich für andere einsetzen?

* * * * * * * *

Der Mensch – so sagen schon die Griechen – ist ein zoon politikon: ein Lebewesen, das in Gesellschaft lebt. Wir sind in unserem Sein immer schon auf andere bezogen. Wir sind auf die anderen angewiesen und ohne die Mitmenschen könnten wir nicht existieren – von Geburt an. Jedes Kind ist angewiesen auf Zuwendung, auf Betreuung und Liebe. Und diese Zuwendung und dieses Vertrauen ist wiederum die Grundlage für die Zuwendung zu anderen. Wir leben in Solidarität und Verbundenheit mit anderen. „Nur sämtliche Menschen leben das Menschliche", dieser Satz Goethes weist auf die grundlegende Verbundenheit aller hin. Wir erfahren uns zwar als Ich und den anderen als den Anderen, aber nur in der Beziehung zum anderen, zum Du, können wir „wir selbst" werden. Daher gehört es auch zum Menschsein, dass wir die Augen nicht vor der Not der anderen verschließen, sondern eingreifen, wenn wir den Bruder oder die Schwester in Not sehen.

Dass die Beziehung zwischen den anderen nicht nur harmonisch ist, gehört zur Urerfahrung der Menschen. Die Bibel berichtet uns vom Brudermord im Anfang der Menschheitsgeschichte. Kain ist neidisch auf seinen Bruder Abel und ermordet ihn. Als ihn Gott zur Rechenschaft zieht und ihn fragt: „Wo ist dein Bruder Abel?", antwortet Kain: „Ich weiß es nicht. Bin ich der Hüter meines Bruders?" (Gen 4,9) Kain verweigert die Verantwortung für sein Tun. Doch das führt dazu, dass er sein Leben lang mit schlechtem Gewissen ruhelos umherwandern muss. Wir können die Augen nicht vor dem andern verschließen. Wir sind als Gemeinschaftswesen geschaffen und haben daher Verantwortung für den Bruder und die Schwester. Wir können nicht so tun, als ob uns die anderen nichts angingen. Wenn wir die Augen und Herzen vor ihnen verschließen, dann rührt sich in uns das Gewissen. Es lässt uns nicht zur Ruhe kommen. Wir können nicht in innerem Frieden leben, wenn wir uns nicht auch um die Menschen um uns herum kümmern.

Wir können sicher nicht allen helfen, aber wer die Augen vor den anderen verschließt, der findet keine Ruhe. Er handelt gegen sein eigenes Wesen. Er ist in sich gespalten. So zeigt uns schon die Erfahrung mit uns selbst, dass wir eine innere Verpflichtung haben, uns füreinander einzusetzen. Tun wir es nicht, dann handeln wir gegen unser Gewissen und schaden uns letztlich selbst. Denn ruhelos umherwandern zu müssen wie Kain, das ist ein Fluch, den wir lieber nicht auf uns laden sollten. Der Philosoph Ferdinand Ebner hat das einmal auf den Punkt gebracht: „Nebenmenschen und Mitmenschen – wir suchen alle den, mit dem wir Mensch sein können. Wir sollen nicht *neben*, sondern *mit* den Menschen leben. Oder noch besser ist es, wenn wir *einander* leben."

Warum soll ich besonders den Schwachen helfen?

D ie Begründung, warum ich Schwachen helfen soll, kann verschieden ausfallen. Ich kann es damit begründen, dass es dem Willen Jesu entspricht, der sich gerade den Schwachen zugewandt hat. In den Schwachen sollen wir Christen Christus selbst sehen und ihm dienen. Eine andere Begründung geht von uns selbst aus. Wenn ich die Schwachen übersehe, bestärke ich ein Klima der Enge und Härte. Wenn ich selbst einmal schwach werde, werde ich an diesem selbst geschaffenen Klima leiden. Dann habe ich Angst, dass die Menschen auch an mir vorübergehen. Dann werde ich mich hilflos und ohnmächtig fühlen. Was ich dem schwachen Bruder tue, das tue ich nicht nur Christus. Ich tue also letztlich auch mir selbst etwas Gutes.

Die geistliche Tradition hat uns immer dazu aufgerufen, uns gerade der Schwachen anzunehmen, weil sie sonst keinen Helfer haben. Sie beruft sich dabei auf Gott selbst, der sich schon im Alten Testament gerade der Schwachen annimmt. Die Königin Esther betet: „Herr, unser König, du bist der einzige. Hilf mir! Denn ich bin allein und habe keinen Helfer außer dir." (Est 4,17) Weil Gott sich des schwachen Israels angenommen hat, sollen wir uns der Schwachen annehmen. Wir ahmen damit Gott selbst nach. Unsere Hilfe für die Schwachen ist Antwort auf das, was wir von ihm erfahren haben.

Natürlich kann die Sorge für die Schwachen auch einseitig werden. Friedrich Nietzsche hat dem Christentum vorgeworfen, dass es das Schwache verherrliche und das Starke verdamme. Das würde zu einer Religion der Kleinkarierten werden, in der Stärke keinen Platz hat und von der sich starke Persönlichkeiten abgestoßen fühlen. Auch wenn Nietzsche in seiner Kritik des Christentums übertreibt, hat er doch etwas Wichtiges gesehen. Das Christentum darf nicht zu einer Religion der Schwachheit werden. Sonst wird es auf Dauer keine Kraft in dieser Welt entfalten.

Der hl. Benedikt hat das gewusst. Er mahnt den Abt, so mit den Brüdern umzugehen, dass die Starken herausgefordert werden und die Schwachen nicht entmutigt werden. Das ist für mich ein weiser Grundsatz. Die Starken brauchen eine Herausforderung, damit sie wachsen und ihre Stärke in den Dienst der Gemeinschaft stellen. Eine Gemeinschaft, die die Schwachen verherrlicht, kann auch den Starken den Atem rauben. Damit würde sie sich selbst schaden. Es braucht eine gute Balance zwischen Starken und Schwachen. Beide sollen heraus gefordert werden und in der Gemeinschaft so leben können, dass sie daran wachsen.

Wie kann ich mit dem Leiden anderer, mit den täglichen
Katastrophen in der Welt umgehen?

· · · · · · · ·

Ich kann die Augen nicht verschließen vor dem, was in
der Welt geschieht. Das würde mich immer unempfindli-
cher und kälter werden lassen. Aber ich kann bei dem vielen
Leiden, das ich täglich in den Medien mitbekomme, auch
nicht jedes Mal in Mitleid zerfließen. Dann vermöchte ich
gar nicht mehr zu leben. Ich kenne Menschen, die es in dieser Welt nicht mehr aushalten, weil sie täglich von soviel
fremdem Leid hören und sehen. Wie soll ich also mit dem
Leid in der Welt umgehen, ohne mich zu verschließen und
ohne mich zu überfordern?

Ein guter Weg, mit dem Leid der Welt umzugehen, ist, das
Leid als Appell zu sehen, entweder zum Handeln oder zum
Beten. Bei manchem Leid ist meine aktive Anteilnahme
gefragt. Die kann verschieden ausfallen. Entweder indem
ich spende und damit konkrete Hilfe möglich mache. Oder
indem ich auf die Ursachen der Katastrophen schaue und
mir überlege, wie ich konkret in meinem Lebensumfeld
angemessen reagieren kann. Wenn eine Katastrophe durch
mangelndes Umweltbewusstsein ausgelöst wurde, dann ist
sie auch ein Appell an mich, mich umweltbewusster zu verhalten. Oft kann ich weder die Ursachen erkennen noch
eine angemessene Reaktion zeigen. Dann kann ich das Leid
zumindest in mein Gebet mit einschließen. Im Gebet zeige
ich mich solidarisch mit den Leidenden. Ich nehme Anteil
an ihnen, ohne mich selbst dabei zu überfordern. Meine
Ohnmacht fließt in das Gebet und wandelt sich in Vertrauen, dass Gott den Menschen, die vom Leid betroffen

sind, einen stärkenden und tröstenden Engel schickt oder das Leid wandelt.

Ein anderer Weg, mit dem Leid der Welt umzugehen, besteht für mich darin, das Leid, das ich sehe, als Spiegel zu sehen, in dem ich mich und das Geheimnis des menschlichen Lebens erkenne. Jedes Leid zeigt mir, dass es nicht selbstverständlich ist, dass das Leben gelingt, dass ich gesund bin und geschützt, dass Frieden ist und kein Krieg, dass ich in Ruhe gelassen werde und nicht irgendwelchen Terroristen oder Amokläufern in die Hände falle. So wird das Leid, das ich sehe, zur Meditation über das Geheimnis meines Lebens und letztlich immer auch zu einer Frage nach Gott. Wie kann ich angesichts dieses Leids an Gott glauben? Und wie muss sich mein Gottesbild wandeln, damit ich vor meiner Vernunft und mit meinem Herzen wirklich an ihn glauben kann?

Ist der Ehrliche nicht immer der Dumme?
Was habe ich davon, Gutes zu tun?

• • • • • • • •

Das deutsche Wort „ehrlich" kommt von „Ehre". Wer ehrlich ist, der achtet seine eigene Ehre und die Ehre seiner Mitmenschen. Der Unehrliche verachtet letztlich sich selbst. Das tut ihm nicht gut. Unehrlichkeit andern gegenüber schafft in mir selbst einen Zwiespalt. Wer andere belügt, belügt sich selbst. Und wer andere betrügt, der schadet sich selbst. Das deutsche Wort „Trug" hat mit Gespenst zu tun. Wer betrügt, in dem tauchen Trugbilder, innere Gespenster auf. Er kommt nicht so leicht zur Ruhe. Spätestens in der Nacht tauchen dann oft die Gespenster auf und zeigen ihm die Folgen seines Betrugs. Wenn er dann schweißgebadet aufwacht, kann er oft nicht unterscheiden, ob die inneren Bilder Realität sind oder nur Traumbilder darstellen.

Oft habe ich keinen Vorteil, wenn ich Gutes tue. Eventuell verliere ich sogar kurzfristig Vorteile. Ich bekomme vielleicht einen Auftrag nicht. Oder aber ich schneide im persönlichen Bereich schlecht ab, wenn ich die Wahrheit sage, wenn ich zugebe, dass ich etwas vergessen habe. Ich stehe in der Kritik. Aber auf Dauer wird mich das stärken. Wer einen Fehler zugibt, anstatt ihn immer auf andere zu schieben, der erwirbt sich langfristig Freunde. Die Umgebung weiß, dass man auf ihn zählen kann. Er wird die anderen nicht täuschen oder enttäuschen. Er tut das, was ihm möglich ist. Und wenn er an Grenzen kommt, steht er dazu. Vor allem aber fühlt sich einer, der ehrlich ist und Gutes tut, selbst besser. Natürlich darf er sich deshalb nicht über andere erheben. Aber wenn er zu sich steht, bekommt er ein stärkeres Stehvermögen. Und mit solcher Standfestigkeit lebt es sich besser, als wenn ich mich ständig verbiege, damit ich nach außen gut dastehe.

Ich tue das Gute nicht, um gut vor den anderen dazustehen, sondern weil ich das Gute will, weil ich einem Menschen helfen will. Natürlich gibt es auch die Erfahrung, dass wir ausgenutzt werden, wenn wir Gutes tun. Dann sollten wir auf unsere Gefühle horchen. Solange es uns Freude macht, andern zu helfen und ihnen Gutes zu tun, sollten wir es getrost weitermachen. Nur wenn wir das Gefühl haben, benutzt zu werden, oder wenn wir in uns Aggressionen spüren, dann sollten wir überlegen, ob wir wirklich Gutes tun oder nur die Erwartungen anderer erfüllen. In einem solchen Fall sollten wir auch den Mut aufbringen, Nein zu sagen.

Es gibt auch Menschen, die sich kein Gewissen machen, auch wenn sie unehrlich sind. Doch diese Menschen schaden sich auf Dauer selbst. Denn sie sind irgendwann angewiesen auf andere. Und andere werden ihnen kein Vertrauen schenken, wenn sie ihre Unehrlichkeit entdecken. Und irgendwann werden sie sich selbst isolieren. Sogar Firmen haben das erkannt: Sie können sich zwar einen kurzfristigen Vorteil erkaufen, wenn sie Schmiergelder zahlen. Aber auf Dauer werden sie sich in der Öffentlichkeit selbst bloßstellen und sich schwer tun, an gediegene Aufträge heran zu kommen. Nicht umsonst sagt das Sprichwort: „Lügen haben kurze Beine." Sie tragen mich nicht auf Dauer zum Leben.

Kann ich wertbezogen leben und doch erfolgreich sein?

* * * * * * *

Werte verleihen uns Wert und Würde. Wer Werte in seinem persönlichen Leben berücksichtigt, dessen Leben wird selber wertvoll. Wer sich nicht mehr an Werten orientiert, der verliert die Achtung vor sich selbst und vor den anderen. Sein Leben wird immer wertloser. Das zieht ihn nach unten. Das englische Wort für „Wert" heißt „value". Es kommt vom lateinischen Wort „valere", das stark sein und gesund sein bedeutet. Werte geben uns also innere Stärke. Sie machen unser Leben gesund. Wenn ich auf Werte baue, wird das, was ich mit meinem Leben aufbaue, eine solide Grundlage haben. Es wird nicht so leicht wieder einstürzen, wie wir es bei Menschen beobachten können, die ihr Lebenshaus auf den Sand ihrer Illusionen oder ihrer Trugbilder bauen. Auf Dauer kann nur der bestehen, der sein Haus auf festen Grund baut. Und ein solcher fester Grund sind die Werte oder wertbezogene Haltungen, die Tugenden, wie sie seit der griechischen Philosophie von Philosophen und Theologen immer wieder propagiert wurden: Gerechtigkeit, Tapferkeit bzw. Mut, Maß und Klugheit und die christlichen Haltungen wie Glaube, Hoffnung und Liebe. Nur wer seinem eigenen Wesen gerecht wird, und wer mutig und tapfer zu dem steht, was ihm wichtig ist, wer sein Maß annimmt und nicht ständig maßlosen Bedürfnissen folgt, nur wer klug ist und die konkrete Situation richtig einschätzt, wird auf Dauer gut leben können. Und er wird auch langfristig Erfolg haben in seinem Leben. Das gilt für das, was er persönlich aufbaut, also für Partnerschaft und Freundschaft. Das gilt aber auch vom beruflichen Erfolg. Eine betriebswirtschaftliche Studie belegt: Firmen ma-

chen ihren Gewinn nicht durch den Umsatz der Einzel-
oder Neukunden, sondern durch ihre Stammkunden. Den
Stammkunden ist aber nicht nur der Preis wichtig. Sie richten sich auch nach den Werten, die sie mit einem Unternehmen verbinden, und ziehen auch Ehrlichkeit, Freund-
lichkeit, Gerechtigkeit, Zuverlässigkeit und Echtheit, die in
einer Firma herrschen, in ihr Kalkül mit ein. Wer nur durch
Tricks seinen Umsatz erhöhen will, der wird irgendwann
seiner eigenen Maßlosigkeit erliegen. Die Erfahrung zeigt,
dass viele kometenhaft aufgestiegene Unternehmen genauso schnell zugrunde gegangen sind. Auf Dauer hat nur der
Erfolg, der sich an die Werte hält.

Bin ich auf Beruf und Arbeit angewiesen, wenn ich
Erfüllung und Sinn will?

* * * * * * *

Beruf und Arbeit sind wichtige Felder, auf denen ich ein erfülltes Leben finden kann. Es ist sinnvoll, für seinen Lebensunterhalt zu sorgen, wenn man dazu in der Lage ist. Der soziale Stellenwert der Erwerbsarbeit in unserer Gesellschaft ist bei vielen Menschen sehr hoch angesiedelt. Im Beruf kann ich meine Berufung verwirklichen. Aber auch wenn eine berufliche Tätigkeit nicht schon im Vollsinn meiner „Berufung" entspricht, ist es sinnvoll, für die materielle Basis des Lebens zu sorgen.

Erwerbsarbeit ist aber nicht das einzige Feld der Selbstverwirklichung. Geld oder die Höhe des Gehalts sind an sich ohne Sinn. Man muss ihnen den Sinn erst geben. Auch die Mutter, die nicht berufstätig ist, leistet etwas Großes für ihre Kinder. Sie findet in ihrem Muttersein Erfüllung und Sinn. Und auch ein Vater, der sich hingebungsvoll um sein Kind kümmert, leistet etwas Großes. Ein Bankangestellter findet möglicherweise nicht nur in seinem Beruf Erfüllung – und engagiert sich daheim für den Sportverein, er geht in die Kirche, liest Bücher, freut sich auf seine Freunde. All das gibt ihm auch Erfüllung. Auch wer arbeitslos ist, kann in seinem Leben Erfüllung und Sinn finden. Natürlich ist es eine Kränkung, wenn ich meine Arbeit verliere. Aber wichtig ist, dass ich mich selbst nicht aufgebe. Ich soll schauen, welche anderen Fähigkeiten noch in mir sind. Und dann soll ich versuchen, diese Fähigkeiten einzubringen, vielleicht in einer anderen Arbeit, in einem Projekt oder einfach, indem ich die Zeit der Arbeitslosigkeit nutze, mich weiterzubilden. Entscheidend in jeder der angesprochenen Situationen ist, dass ich meinem Leben selbst Sinn gebe.

Wenn ich krank geworden bin und nicht mehr arbeiten kann, wird mein Leben dadurch nicht wertlos. Es bekommt einen anderen Wert. Jetzt ist es meine Aufgabe, mit der Krankheit gut umzugehen, mich von ihr aufbrechen zu lassen für Gott und offen zu werden für das Geheimnis des Menschseins und den andern Menschen auf neue Weise zu begegnen. Wir dürfen also den Wert des Menschen nicht allein in seiner Arbeit sehen. Jeder Mensch hat als Person einen absoluten und unantastbaren Wert. Und jede Person wird, wenn sie ihr Personsein angemessen lebt, wenn sie ihre ureigenste Lebensspur in diese Welt eingräbt, wenn sie ihr einmaliges Wesen in dieser Welt sichtbar werden lässt, Sinn finden in ihrem Leben.

Was sind Kriterien für wirklichen Erfolg?

• • • • • • •

Das deutsche Wort „Erfolg" kommt von „folgen". Es kann bedeuten, dass ich ein Ziel erreiche, das ich mir gesteckt habe. Es kann sich aber auch auf die Wirkung beziehen, die ich nach außen habe. Wir sagen, ein Mensch sei erfolgreich, wenn ihm viele folgen, wenn er viele Anhänger hat. Im Fernsehen hat der Erfolg, der die größte Einschaltquote verzeichnet. Wirtschaftlich hat der Erfolg, der ein gutes Ergebnis mit seiner Firma erzielt und einen hohen Gewinn verbuchen kann. Oder derjenige, der ein hohes Gehalt hat und bei Gehaltsverhandlungen noch mehr herausschlägt.

Was sind nun Kriterien für einen wirklichen Erfolg? Zunächst kommt es darauf an, dass einer langfristig erfolgreich ist und nicht nur ein Strohfeuer entzündet. Dazu braucht es offensichtlich das rechte Maß. Wenn jemand sein Maß überschreitet, wird der Erfolg immer nur kurzfristig sein. Ein langfristiger Erfolg braucht eine gesunde Grundlage. Das kann für den Einzelnen sein Wissen sein, seine Intelligenz, seine Gesundheit, sein Gespür für das, was die Menschen gerade bewegt.

Ein anderes Kriterium ist, dass der Erfolg nicht auf Kosten anderer errungen wird. Wenn ich einen andern niedermachen muss, um Erfolg zu haben, so wird dieser Erfolg kurze Beine haben. Der wirkliche Erfolg ist Ergebnis des eigenen Könnens. Aber er basiert nie darauf, dass er andere zugrunde richtet.

Ein weiteres Kriterium ist: Erfolg braucht immer die Beziehung zu den andern. Wirtschaftlich erfolgreich bin ich, wenn ich eine gute Idee habe, die viele anziehend finden und die sich daher gut verkaufen lässt. In der Öffentlichkeit habe ich Erfolg, wenn ich bei den Menschen ankomme. Es gibt nun zwar Menschen, die kurzfristig andere manipulieren können, Demagogen, die einen steilen Aufstieg verzeichnen. Aber von Dauer wird der Erfolg nur sein, wenn die Beziehung zu den Menschen echt ist. Wer andern ständig etwas vortäuscht, dessen Erfolg währt nicht lange.

Manche meinen, in der Wirtschaft gehe es doch darum, den Konkurrenten auszuschalten und ihm den Auftrag wegzuschnappen, um selbst Erfolg zu haben. „Mein Erfolg ist die Niederlage des anderen." Dieser Grundsatz trägt nicht weit. In der Betriebswirtschaft weiß man, dass man sowohl innerhalb der Firma als auch mit Kunden nur so umgehen kann, dass sich beide als Gewinner fühlen. Wenn ich andern Firmen ständig das Gefühl vermittle, dass sie Verlierer sind, werden sie sich irgendwann rächen. Ich erzeuge ein feindliches Klima, das auch auf mich negativ zurückschlagen wird. Wer meint, durch Korruptionszahlungen mehr Erfolg zu haben, ist auf dem Irrweg. Denn solche Mittel anzuwenden ist Ausdruck der Selbstverachtung und der Verachtung des Menschen. Und auf Dauer wird keine Firma überleben, in der sich die Menschen nicht geachtet fühlen. Selbstverachtung und Verachtung des Menschen lähmen eine Firma und machen sie auf Dauer wertlos, nicht nur wertlos im Miteinander, sondern auf Dauer auch wertlos in finanzieller Hinsicht. Auch hier gilt: Werte schöpfen wir nur, wenn wir Werte achten.

Wenn wir den darwinschen Grundsatz, dass nur der Stärkste und am meisten Angepasste überlebt, auch auf die Menschen anwenden, dann nehmen wir eine brutale Weltanschauung zur Grundlage unseres Lebens. Was für die Evolution im Tierreich stimmen mag, gilt nicht für die menschliche Kultur. Da wird sich auf Dauer nicht das Starke, sondern das Gute durchsetzen. Das ist die Überzeugung vieler Philosophen. Und die Erfahrung zeigt, dass ihre Überzeugung langfristig stimmt. Kurzfristig haben Demagogen, brutale Tyrannen oder skrupellose Geschäftemacher Erfolg. Aber die Erfahrung zeigt: ihr Erfolg steht auf schwachen Beinen und wird bald zusammenbrechen. An diese Menschen wird man später nicht mehr denken, während viele, die sich nicht angepasst haben und scheinbar gescheitert sind, wie manche Heiligen und Märtyrer, heute noch bewundert werden. Es braucht allerdings heute wirklich einen starken Glauben, um gegen den Anschein darauf zu vertrauen, dass nicht die Stärkeren und die listig sich Anpassenden sich durchsetzen, sondern dass langfristig der Einsatz für das Gute und für die Wahrheit Erfolg hat.

● ● ● ● ● ● ●

Ein Christ handelt weitgehend wie jeder Mensch, der sich an die Werte der Menschlichkeit hält, wie sie das humanistische Weltbild kennt. Auch wenn man sagen kann, dass die Werte des Humanismus letztlich aus dem Christentum stammen oder zumindest von ihm geprägt wurden, gilt: Es gibt Werte, die alle Menschen guten Willens verbinden. Schon der Apostel Paulus mahnt die Christen in Philippi, dass sie in ihrem Verhalten dem der stoischen Philosophen in nichts nachstehen sollen: „Was immer wahrhaft, edel, recht, was lauter, liebenswert, ansprechend ist, was Tugend heißt und lobenswert ist, darauf seid bedacht!" (Phil 4,8) Die Christen sollen nach Paulus also all die Tugenden, die die stoischen Philosophen zu verwirklichen suchten, auch in ihrem Lebenswandel sichtbar werden lassen. Sie sollen in ihrem Menschsein die anderen überzeugen.

Worin unterscheiden sich die Christen nun von anderen? Paulus ist überzeugt: Christen, die glauben, dass sie den Geist Jesu empfangen haben und dass sie aus diesem Geist heraus leben, wollen anders leben. Dieser Geist ist es, der sie befähigt, all die Werte zu verwirklichen, die in ihrer Umwelt von Juden und Griechen in ähnlicher Weise gelebt wurden. Aber der Geist Jesu drängt sie auch dazu, sich bewusst der Armen anzunehmen und sich denen zuzuwenden, die am Rand leben und niemanden haben, der für sie eintritt. Sie sehen in jedem Menschen den Bruder und die Schwester Jesu. Daher begegnen sie jedem Menschen wie Christus selbst und daher erweisen sie jedem die gleiche Ehre, unabhängig von seinem Status und ohne Ansehen seiner sozialen Herkunft. Die Nächstenliebe kennen auch griechische Philosophen. Aber die Botschaft Jesu hat die Feindesliebe in den Mittelpunkt christlichen Verhaltens gestellt und dadurch viele Christen dazu befähigt, auf gewaltlose Weise in dieser Welt zu leben und auch die, die sie bekämpften, nicht zu verachten, sondern auch in ihnen noch die Sehnsucht nach dem Guten zu sehen. Auch wenn viele Christen der Botschaft Jesu nicht gerecht wurden, so hat die Botschaft Jesu doch ein Verhalten in dieser Welt ermöglicht, das einfach nicht mehr verdrängt werden kann. Die Botschaft Jesu von der Universalität eines liebenden Vatergottes hat dazu geführt, dass die Beschränkung auf den Stamm, die Familie oder das Volk aufgebrochen wurde, und dass alle Menschen als Söhne und Töchter Gottes geachtet wurden. Das führte aus der Verengung in die Weite, aus dem Stammesdenken in einen globalen Horizont.

Letztlich war das Ziel der Botschaft Jesu die Schaffung einer Weltgemeinschaft. Die Menschen aller Kulturen und Religionen sollten miteinander in Frieden leben und in Achtung und Ehrfurcht vor dem Geheimnis des andern. Das ist durch Jesus selbst und durch viele Christen, die ihm nachfolgten, als eine Möglichkeit des Miteinanders vorgelebt worden, so dass es ein dauernder Stachel für unser so oft von Konflikten bestimmtes Miteinander bleibt.

Ist Feindesliebe nicht unrealistisch – in einer Welt,
wie sie nun einmal ist?

● ● ● ● ● ● ●

Ich behaupte: den Feind zu hassen ist auf Dauer an-
strengender als den Feind zu lieben. Den Feind lieben heißt
ja nicht, dass ich mich zum Opfer feindlicher Menschen
mache. Die Feindesliebe ist etwas Aktives. Feindschaft entsteht normalerweise durch Projektion. Da der andere sich
selbst nicht annehmen kann, bekämpft er in mir das, was
er bei sich selbst so schlimm findet. Wenn ich auf dieses
feindliche Verhalten empört reagiere, hat mir der Feind die
Spielregeln aufgezwungen. Den Feind zu lieben heißt nicht,
mir alles gefallen zu lassen. Zuerst bedeutet es, dass ich die
Projektion durchschaue: Wie verletzt muss der andere sein,
dass er mich ständig verletzen muss? Wie zerrissen muss er
sich fühlen, wenn er mich am liebsten zerreißen möchte?
Ich sehe also im Feind den verletzten und gekränkten Menschen. Ich übernehme seine Projektion nicht, sondern überlege, was er braucht, um mit sich in Frieden zu kommen.
Ich gebe ihm keine Macht. Die andere Frage ist dann:
Wie reagiere ich konkret auf seine feindlichen Attacken?
Feindesliebe verbietet mir nicht, mich zu wehren. Aber ich
wehre mich nicht gegen einen Feind, sondern gegen den,
der innerlich zerrissen ist und mit dem ich mitfühle. Ich
wehre mich, damit er mit seiner eigenen Wahrheit in Berührung kommt. Aber ich vermittle ihm, dass ich ihn nicht als
Mensch ablehne.

Lukas als Grieche interpretiert die Feindesliebe Jesu vor
allem als Segnen derer, die mich verfluchen. Segnen heißt:
Gutes über den andern denken und sprechen, dem andern
Gutes wünschen. Wenn ich dem andern Gutes wünsche,

dann überwinde ich die Macht des Negativen. Ich sehe den andern durch eine andere Brille, durch die ich das Gute in ihm entdecke. Das schafft neue Möglichkeiten der Beziehung. Im Segnen, im Gutes-Wünschen muss ich mich und meine Gefühle nicht vergewaltigen. Ich spüre, dass im Segnen das Gute auch in mir stärker wird und mir gut tut. Dann wird Feindesliebe nicht zu einer Überforderung, sondern sie bewirkt mir und dem andern Gutes.

Der hl. Benedikt mahnt den Abt, er solle die Brüder lieben und die Fehler hassen. Das ist eine Konkretisierung der Feindesliebe. Sie ist in unserer Welt durchaus realistisch. Das gilt auch nicht nur für persönliche Beziehungen oder für den privaten Bereich. Es hat durchaus auch politische Konsequenzen. Konkret wird des beim Thema Terrorismus. Bei allem sinnvollen Sicherheitsdenken – wir können den Terrorismus letztlich nur durch Feindesliebe überwinden und nicht, indem wir Gewalt mit Gewalt beantworten und dadurch eine Spirale der Gewalt erzeugen.

Was sind Kriterien für den rechten Umgang mit Geld?

● ● ● ● ● ● ●

Geld dient zunächst einmal dazu, die notwendigen Ausgaben für den Lebensunterhalt zu bestreiten. Dann hilft es dazu, den Lebensunterhalt auch für die Zukunft zu sichern. Es ist also sinnvoll, Geld zurückzulegen und es gut anzulegen, damit wir im Alter ohne Angst vor Armut und Not leben können. Aber wir müssen beim Geld immer wissen, dass Geld den Menschen dient und nicht umgekehrt. Geld kann auch eine eigene Dynamik entfalten. Es gibt Menschen, die nie genug haben können. Sie wollen immer noch mehr Geld. Und sie übertreiben die Absicherung ihres Alters. Sie werden letztlich abhängig vom Geld. Wir müssen bei allem Umgang mit dem Geld auch innerlich frei bleiben und dürfen uns nicht über Geld definieren oder uns von ihm beherrschen lassen. Wenn richtig ist, dass Geld den Menschen dient, dann soll es nicht nur mir selbst dienen, sondern auch anderen Menschen. Ich habe mit meinem Geld immer auch Verantwortung für andere Menschen. Spenden für gute Zwecke sind nur eine Möglichkeit, diese Verantwortung konkret werden zu lassen. Als Firmenchef kann ich durch Investitionen sichere Arbeitsplätze schaffen und damit den Menschen dienen. Oder ich unterstütze Projekte, die Menschen helfen, menschlicher zu leben. Wichtig ist der Aspekt der Menschendienlichkeit und der Solidarität: Vor allem der Evangelist Lukas mahnt uns zu einer Haltung des miteinander Teilens.

Wie wir das Geld für die Zukunft gut anlegen, darauf gibt es unterschiedliche Antworten. Nicht zuletzt hängt es von der Psyche des einzelnen ab. Der eine geht mehr Risiko ein, der andere weniger. Er möchte lieber ruhig schlafen. Doch auch hier geht es darum, intelligent mit Geld umzugehen. Allerdings braucht es immer das rechte Maß, das unsere Gier eindämmt. Und es braucht ethische Gesichtspunkte. Wir sollen das Geld nicht nur dort anlegen, wo es am meisten Gewinn erzielt, sondern auch dort, wo ethische Gesichtspunkte berücksichtigt werden. Inzwischen bieten viele Banken ethische Fonds an, die nur in Firmen investieren, die den Normen der Nachhaltigkeit, der Achtung der Menschenwürde, der Gerechtigkeit und der Ökologie entsprechen. Entscheidend bei allem Umgang mit dem Geld: Wir dürfen nicht der Habgier verfallen. Es braucht vor allem die innere Freiheit ihm gegenüber.

Welche Chancen hat der Glaube an die Gerechtigkeit gegen die Übermacht des Wirtschaftlichen?

● ● ● ● ● ● ● ●

Heute scheint das Wirtschaftliche zum absoluten Maßstab nicht nur der Politik, sondern unseres gesamten Handelns zu werden. Elementar menschliches Handeln, das auf dem unmittelbaren Impuls der Nächstenliebe beruht, hat es immer schwerer – zumindest wenn es um größere Zusammenhänge geht, die zu organisieren sind. Sogar die Hilfen, die wir kranken und alten Menschen anbieten, werden zunehmend mit wirtschaftlichen Maßstäben gemessen. Es muss sich rechnen, es muss bezahlbar sein, es muss sich lohnen – das ist die säkulare Zauberformel. Die Politik scheint alle Macht an die Ökonomie verloren zu haben. Sie lässt sich von der Wirtschaft weitgehend ihr Handeln vorschreiben. Das ist eine Realität, die wir nicht leugnen können und die eine immer stärkere Kraft entfaltet. Aber zugleich wächst in vielen Menschen das Gespür, dass es so nicht weitergehen kann. Die Verabsolutierung des Wirtschaftlichen möchte letztlich auch über den Sonntag herrschen, über die Kultur und über die Religion. Aber die Religionen haben die Aufgabe, in der Gesellschaft die Sehnsucht nach dem ganz anderen wach zu halten und so die Verabsolutierung des Wirtschaftlichen zu verhindern. Die Gottesdienste, die wir jeden Sonntag feiern und die immer noch von Millionen von Menschen besucht werden, sind ein Stachel, der die Verabsolutierung des Wirtschaftlichen in Frage stellt und immer wieder von neuem relativiert. Dieses „andere" darf nicht in Vergessenheit geraten oder zugeschüttet werden.

Es braucht genügend Selbstvertrauen, um vor der Übermacht des Wirtschaftlichen nicht in die Knie zu gehen, sondern auf andere Werte zu setzen. Die Gerechtigkeit ist für Platon die Tugend, die alle anderen Tugenden zusammenfasst. Wir sollen versuchen, den Menschen gerecht zu werden und sie nicht zu Sklaven der Wirtschaft zu degradieren. Mich macht zuversichtlich, was Albert Einstein einmal so formuliert hat: „Ein Gedanke, der einmal geäußert worden ist, kann nicht rückgängig gemacht werden." Das gilt auch für die Gerechtigkeit. Der Gedanke der Gerechtigkeit, der auch heute immer wieder geäußert wird und an dem Menschen festhalten, kann nicht rückgängig gemacht werden. Er wird seine Wirkung erzielen. Der Glaube an die Gerechtigkeit ist nicht auszurotten. Es braucht Geduld. Und es braucht die Hoffnung, dass wir die Wirkung des Gedankens der Gerechtigkeit erleben können. Aber nichts geschieht von selbst. Gerechtigkeit braucht auch unseren aktiven Einsatz, gerade in Zeiten, in denen sie in Frage gestellt wird.

Woran reife ich? Was tröstet mich?

Angst oder Vertrauen – was ist realistischer?

● ● ● ● ● ● ●

In jedem von uns ist Angst und Vertrauen. Es gibt keinen Menschen, der nur Angst hat oder nur Vertrauen. Doch oft sind wir auf die Angst fixiert. Die Angst hat ihre Berechtigung. Wenn wir keine Angst hätten, hätten wir kein Maß. Die Angst weist uns auf reale Gefahren hin und mobilisiert in uns Kräfte, uns gegen die Gefahr zu schützen. Und die Angst lädt uns immer wieder ein, unsere eigenen Grenzen zu akzeptieren. Doch es gibt auch Ängste, die uns lähmen. Wir können sie nicht einfach unterdrücken. Besser ist es, mit ihnen zu sprechen. Dann werden wir merken, wo die Angst uns auf falsche Grundannahmen aufmerksam macht. Vielleicht zeigt uns die Angst, dass wir zu hohe Idealbilder von uns aufgebaut haben, die wir aber nie verwirklichen können. Oder sie verweist uns auf die fatale Grundannahme, dass wir keine Fehler machen dürfen, weil wir sonst von den Menschen abgelehnt werden, oder dass wir uns nicht blamieren dürfen, weil wir sonst nichts wert sind. Andere Ängste verweisen uns auf das Wesen unseres Menschseins. Die Angst vor Krankheit und Tod können wir nicht ausrotten. Sie führt uns zu unserem wahren Selbst, das die Krankheit und den Tod überdauert.

Neben diesen persönlichen Ängsten gibt es die Angst um die Zukunft unserer Welt, die Angst vor Krieg und Terror, vor der Macht der organisierten Kriminalität, vor der zunehmenden Überalterung der Gesellschaft und vor wachsender Umweltzerstörung. Diese Ängste sind alle berechtigt. Sie wollen in uns Kräfte mobilisieren, gegen diese negativen Tendenzen in unserer Welt anzugehen und für das

Gute zu kämpfen. Aber in diesem Kampf dürfen wir uns nie nur von der Angst treiben lassen. Letztlich braucht es das Vertrauen, dass das Gute stärker ist als das Böse, dass die Welt trotz der destruktiven Möglichkeiten der menschlichen Macht, trotz aller Gefährdung in der Hand Gottes ist. Angst allein ist ein schlechter Ratgeber. Angst kann Kräfte mobilisieren, aber es braucht das Vertrauen, um sie in die richtigen Bahnen zu lenken. Und es braucht Vertrauen und Hoffnung, um sich selbst und die Menschheit nicht aufzugeben, sondern an eine gute Zukunft zu glauben, weil die Zukunft in Gottes Hand ist.

Es gibt Menschen, die andern gegenüber vertrauensselig sind und oft missbraucht werden. Vertrauen braucht immer auch ein realistisches Einschätzen der anderen Person oder der Situation. Aber Vertrauen als Grundhaltung ist die Voraussetzung, dass mein Leben gelingt. Dieses Vertrauen kann ich mir nicht einfach befehlen. Es ist mir hoffentlich als Urvertrauen geschenkt worden durch meine Eltern und durch meine Lebenserfahrung gewachsen und gestärkt worden. Ich kann daran arbeiten, das Vertrauen und die Zuversicht in mir zu stärken. Und wenn meine Lebensgeschichte mir vielleicht einen Mangel an Vertrauen beschert hat, kann der Glaube, dass Gott mich trägt, diesen Mangel ausgleichen oder beheben und mein Vertrauen stärken.

Wie können wir Leiden verstehen, wie mit ihm umgehen, ohne zu zerbrechen?

• • • • • • •

Die Frage, warum wir leiden müssen, können wir nicht theoretisch beantworten. Wir können nur feststellen, dass wir leiden. Und wir können Menschen beobachten, die am Leid zerbrechen, und andere, die am Leid reifen.

Aber es bleiben die Fragen: Warum leide ich? Was macht mein Leiden eigentlich aus? Was tut mir weh?

Oft klagen wir über das Leid. Aber wir machen uns keine Gedanken darüber, was uns denn wirklich weh tut. Manchmal sind wir wie Kinder, die einfach schreien und jammern, aber gar nicht genau wissen, was sie eigentlich wollen. Wir leiden, wenn unsere Erwartungen nicht erfüllt werden. Wir leiden, wenn wir selbst nicht so sind, wie wir sein möchten. Wir leiden, wenn ein lieber Mensch neben uns krank wird oder gar stirbt. Solches Leiden gehört zum Menschsein.

Aber trotzdem ist der Impuls wichtig, das Leiden zu verstehen. Allerdings kommen wir da oft an Grenzen. Wenn ein junger Mensch neben uns schwer krank wird und stirbt, dann können wir weder sein Leid noch das eigene Leid um diesen Menschen verstehen. Wir sind erst einmal sprachlos und müssen diese Sprachlosigkeit aushalten, um auf einer tieferen Ebene zu verstehen, was da eigentlich geschehen ist und was in uns so tiefes Leid auslöst. Auch wenn wir den gewaltsamen und jähen Tod eines jungen Menschen nie verstehen werden, so ist es doch wichtig, unser Leid um ihn zu verstehen, zu beobachten, was da in uns so tief getroffen wird. Vielleicht werden mit unserer Angst konfrontiert, selbst jung sterben zu müssen.

Manchmal werden wir auch erfahren, dass wir uns manches Leid selbst machen. Wenn wir nicht auf unsere innere Stimme hören und gegen unser Wesen handeln, dann führt das zu einem Leid, an dem wir selber „schuld sind", weil wir es letztlich selbst verursacht haben. Aber es tut trotzdem weh. Oder wenn wir an unseren Vorstellungen vom Leben festhalten, die von der Realität nicht eingelöst werden, dann leiden wir an der Situation. Aber es ist letztlich ein Leiden, das wir uns selbst bereiten, weil wir nicht bereit sind, unsere Illusionen loszulassen. Aber auch da ist es wichtig, unser Leid zu verstehen. Wenn wir es verstehen, können wir leichter damit umgehen.

Der zweite Schritt ist, das Leiden zu deuten. Es liegt an mir, welche Deutung ich dem Leid gebe. Das Leid hat nicht immer in sich eine bestimmte Bedeutung. Deuten ist Sache des Menschen. Und es ist immer subjektiv. Jedoch kann ich das Leid nicht beliebig deuten. In der menschlichen Seele liegen verschiedene Deutungsmuster bereit. Und ich muss mich entscheiden, welcher Deutung ich den Vorzug gebe.

Ein beliebtes Deutungsmuster ist das der Strafe. Doch wenn ich Leid als Strafe deute, kann ich nicht gut damit umgehen. Dann fühle ich mich bestraft. Ich suche sofort die Schuld bei mir. Das zieht mich noch mehr nach unten und verstärkt mein Leiden. Von diesem Muster muss ich mich also verabschieden.

Ein anderes Deutungsmuster ist, das Leiden als Herausforderung zu sehen. Das ist schon hilfreicher. Ich kann zwar nicht sagen, Gott schickt mir das Leiden, um mich zu prüfen. Aber ich selbst kann das Leid als persönliche Herausforderung annehmen, mich nicht zerbrechen zu lassen, ihm zu widerstehen, zu kämpfen und trotzdem meinen Weg weiterzugehen.

Oder ich kann das Leid als Weg deuten, auf dem ich eine andere seelische Ebene erreiche. Ich höre auf, oberflächlich zu leben. Das Leid zwingt mich, mich nach dem wahren Grund zu fragen, der mich trägt. Auf diese Weise kann ich mit dem Leid besser umgehen.

Oder ich kann das Leid als spirituelle Herausforderung deuten. Ich verstehe es als etwas, das mich aufbricht für Gott. Henri J. M. Nouwen, der holländische Theologe und Psychologe, hat bei der Einweihung eines Hauses für Priester und Ordensleute, die an „burnout" leiden, gesagt: „Dort, wo wir gebrochen sind, zerbrechen auch die Rollen und Masken und die Panzer, die wir um unsere Seele gelegt haben. Dort werden wir aufgebrochen für unser wahres Selbst und auch aufgebrochen für Gott." Das Leid kann uns also auch aufbrechen für die Menschen, so dass wir sie mit ihrem Kummer und ihrer Not besser verstehen.

Auch Jesus hat keine theoretische Antwort gegeben auf die Frage, warum wir leiden müssen. Aber er ist selbst in diese Welt gekommen und hat Leid auf sich genommen. Er hat sich dem Leid der Menschen gestellt, viele Kranke geheilt und Gebeugte wieder aufgerichtet. Aber er hat nicht das gesamte Leid der Welt weggenommen. Doch er hat das Leid schließlich am eigenen Leib erfahren. Er ist ihm nicht aus dem Weg gegangen, sondern hat es angenommen. So hat er uns einen Weg gewiesen, wie auch wir mit dem Leid umgehen können.

Wir sollen das Leid nicht suchen, oder es an uns ziehen, vielmehr sollen wir das Leid dieser Welt bekämpfen. Aber wenn es uns trifft, dann sollen wir daran nicht zerbrechen. Wir sollen vielmehr vom Leid die Maßstäbe unseres Lebens in Frage stellen lassen und unseren naiven Glauben zerbrechen lassen, dass alles machbar sei. Wir sollen unser Selbstbild und auch unser festgefügtes Gottesbild zerbrechen lassen. Wenn wir das tun, dann bricht uns das Leid möglicherweise auf für unser wahres Wesen, für unseren innersten Kern, der vom Leid nicht berührt wird. Und es bricht uns vielleicht auch auf für den ganz anderen, den unbegreiflichen Gott.

Der Glaube ist eine wichtige Hilfe, das Leiden auszuhalten, ohne daran zu zerbrechen. Wenn ich mich auch in meinem Leid von Gott gehalten und getragen weiß und mitten im Leid den inneren Raum erfahre, in dem Gott in mir wohnt, dann hat dort hat das Leiden keinen Zutritt. Es kann mich nicht zerbrechen.

● ● ● ● ● ● ●

Das Scheitern hat nicht in sich schon Sinn. Aber wir können dem Scheitern einen Sinn geben. Nicht alles gelingt im Leben immer und beim ersten Mal. Wenn Versuche einmal nicht gelingen, sind neue Anfänge möglich. Man kann aus Fehlern lernen, auch in zwischenmenschlichen Beziehungen. Aber bei allem Bemühen um einen guten Umgang mit Konflikten gibt es auch wirkliches Scheitern. Es gibt ein Scheitern in der Ehe, in der Zusammenarbeit mit bestimmten Mitarbeitern, und es gibt immer wieder ein Scheitern des eigenen Lebensentwurfes.

Natürlich gibt es verschiedene Dimensionen des Scheiterns. Wer eine Prüfung nicht besteht, kann eine neue Chance suchen. Und wenn wir an der Lösung eines Problems scheitern, könnten wir es als Herausforderung annehmen und uns um neue Wege bemühen. Zunächst ist es schmerzlich, wenn wir scheitern. Scheitern in einem tieferen existentiellen Verständnis heißt, dass ein Lebensentwurf, auf den wir gesetzt haben, nicht gelingt. Die Frage ist, ob wir selbst daran zerbrechen oder ob nur das Lebensgebäude zerbricht, das wir aufgebaut haben. Dann könnte das Scheitern uns darauf hinweisen, dass dieses Lebensgebäude nicht unserem wahren Wesen entsprochen hat. Es ist mehr unserem eigenen Bild von uns selbst entsprungen, aber nicht dem Bild, das Gott sich von uns gemacht hat.

Im Scheitern zerbricht etwas in mir. Es zerbricht, worauf ich meine Hoffnung gesetzt habe. Wichtig in einer solch kritischen Situation ist, dass ich selbst daran nicht zerbreche. Für mich gibt es nur die Alternative: Entweder ich lasse durch das Scheitern meine Vorstellungen von mir und von meinem Leben zerbrechen. Oder aber: ich selbst zerbreche daran. Wenn ich meine Illusionen zerbrechen lasse, dann kann das durchaus eine Chance sein. Ich kann aufgebrochen werden für mein wahres Selbst und aufgebrochen werden für Gott. Und das Scheitern, das zunächst einmal Scherben hinterlässt, könnte der Ort sein, an dem Gott die Scherben meines Lebens neu zusammen setzt und die Gestalt formt, die meinem wahren Wesen mehr entspricht. Manchmal ist das Scheitern ein Zeichen dafür, dass wir uns ein Bild von uns gemacht haben und dieses Bild in unserem Leben verwirklichen wollten, das unserem innersten Bild, das Gott sich von uns gemacht hat, nicht entsprach. Scheitern ist also auch die Chance, in dieses einmalige und einzigartige Bild Gottes in uns hinein zu wachsen. Aber der Weg dorthin geht natürlich über den Schmerz der Enttäuschung, durch den Schmerz von Verletzungen hindurch und über die Trauer, dass meine Lebensentwürfe zerbrochen sind. Doch für Christen ist das Kreuz ein Hoffnungszeichen, dass es kein Scheitern gibt, das nicht verwandelt werden kann, das nicht zum Aufstehen in neue Möglichkeiten hinein werden kann, zur Auferstehung in die Weite Gottes hinein.

Manchmal müssen die selbstgebauten Lebensgebäude sogar zerbrechen, damit Gott gemeinsam mit uns das Haus aufbauen kann, das unserem wahren Wesen entspricht. In der Bibel steht immer wieder, dass Gott aus den Trümmern Jerusalem die neue Stadt errichtet, dass er aus den Scherben unseres Lebens etwas Neues formt und dass aus dem abgeschlagenen Baumstumpf ein neuer Reis emporblüht. Diese Bilder sind schöne Deutungsmuster, mit denen wir auch unserem Scheitern einen Sinn geben können. Aber es kommt immer auf die Deutung an. Wenn ich mein Scheitern so deute, dass ich selbst daran schuld bin, dass ich alles verkehrt gemacht habe, dann wird es mich nach unten ziehen und mir alle Energie rauben. Wenn ich es aber so verstehe, dass etwas in mir zerbrochen ist, damit der eigentliche Kern klarer zum Vorschein kommt, dann kann ich mich mit dem Scheitern aussöhnen. Dann raubt es mir nicht meine Würde und drückt mich auch nicht nieder. Dann kann ich es sogar als Chance sehen, zu reifen und zu wachsen und immer mehr der zu werden, der ich von Gott her eigentlich bin.

Kann Krankheit einen Sinn haben?

• • • • • • • •

Bei vielen Krankheiten erkennen wir ihren Sinn unmittelbar. Die Krankheit hat möglicherweise den Sinn, mich auf mein Maß aufmerksam zu machen. Ich habe mir zu viel aufgeladen und nicht bemerkt, dass ich es nicht schaffe. Ich traue mich nicht, etwas abzugeben oder bei einer Anfrage Nein zu sagen. So zwingt mich manchmal die Krankheit, mir eine Pause zu gönnen und mir den Freiraum zu nehmen, den ich mir vom Willen her nicht zu nehmen traute. Allerdings soll ich nicht allzu sehr nach den Ursachen der Krankheit fragen, sonst gerate ich in Gefahr, mich bei jeder Krankheit selbst zu beschuldigen, dass ich etwas verkehrt gemacht hätte. Dann vermittelt mir jede Krankheit Schuldgefühle, die mich nur noch kränker machen. Vielmehr soll ich nach ihrem Sinn fragen: Was will mir die Krankheit sagen? Worauf will sie mich hinweisen? Was soll ich ändern in meinem Leben? Dann kann ich manchmal durchaus dankbar sein für die Krankheit. Es gibt auch körperliche Krankheiten, die mich vor psychischer Überlastung beschützen. Es gibt Menschen, die vielleicht in eine Psychose abdriften würden, wenn sie nicht krank geworden wären. Ärzte, Psychologen und Seelsorger können im Gespräch mit Kranken oft feststellen, dass die Krankheit nicht nur schlimm ist, sondern einen Sinn hat und neue Lebensmöglichkeiten eröffnet.

Aber es gibt auch Krankheiten, die sinnlos erscheinen. Die Krankheit eines Kindes, die zum Tod führt, ein Krebs, der eine junge Mutter trifft, der Gehirntumor, der den Vater in seiner größten Schaffenskraft heimsucht und nicht mehr operiert werden kann, in all diesen Krankheiten können wir keinen Sinn erkennen. Wir können nicht verstehen, warum Gott es zulässt, dass die junge Mutter stirbt und ihre kleinen Kinder alleinlassen muss. Hier hat es auch wenig Sinn, sofort nach einem Sinn zu fragen. Wir müssen die Sinnlosigkeit aushalten. Der Theologe Karl Rahner meint: Nur wenn wir die Unbegreiflichkeit des Leids annehmen, können wir etwas von der Unbegreiflichkeit Gottes erahnen. Dann wird die Unbegreiflichkeit des Leids zu einem Teil der Unbegreiflichkeit Gottes.

Aber gerade so kann uns die Krankheit vor die Frage stellen, was denn der Sinn unseres Lebens überhaupt ist. Offensichtlich entsteht der Sinn nicht allein durch langes Leben, durch Leistung und Sorge für andere. Eine unheilbare Krankheit verweist mich auf eine andere Ebene: Es geht nicht darum, wie lange ich lebe, sondern dass ich in den Jahren, die Gott mir zugedacht hat, meine ganz persönliche Lebensspur in diese Welt eingrabe. Manche Menschen werden durch ihre unheilbare Krankheit hindurch immer durchsichtiger für den ursprünglichen und unverfälschten Glanz ihrer Seele. Die unheilbare Krankheit hat nicht in sich einen Sinn. Aber ich kann dem Auftreten der Krankheit einen Sinn geben – mit der „Trotzmacht des Geistes" (V. E. Frankl), zu der wir fähig sind.

Was bedeutet Heilsein? Wie wichtig sind Wohlbefinden
und Gesundheit?

• • • • • • •

Die Frage ist immer, wie ich Wohlbefinden und Gesundheit definiere. Das körperliche Wohlbefinden ist nicht das Wichtigste. Entscheidend ist, ob ich mit mir selbst im Einklang bin, auch wenn ich körperliche oder seelische Schmerzen habe. Wenn wir Wohlbefinden als physische Schmerzfreiheit definieren, dann bleiben wir auf einer oberflächlichen Ebene. Und dann werden wir das Wohlbefinden verlieren, sobald Schmerzen und Krankheiten – etwa beim Älterwerden – auftauchen. Entscheidend ist, dass ich alles, was in mir ist, bejahe und mich damit aussöhne. Das bedeutet Heilsein. Heilsein hat mit Ganzsein zu tun.

In der Bibel wird Gott immer der Gott des Heils genannt. Zum Heil gehört für die Bibel, dass Gott das, was in uns unvollkommen ist, was verwundet und verletzt ist, heilt. Dabei geht es immer auch um die Heilung der inneren Zerrissenheit. Viele Menschen sind mit sich selbst im Zwiespalt. Wenn man in der Antike einem andern Menschen Heil gewünscht hat, „Heil sei dir", dann meinte man nicht nur die körperliche Gesundheit. Es sollte vielmehr alles für den Menschen gut sein. Alles sollte im Einklang mit seinem innersten Wesen sein. Heil bedeutet für die Menschen die Erfahrung von Freiheit, von Frieden, von Liebe und Gerechtigkeit. Wenn wir vom Unheil sprechen, dann schwingt dieses ganzheitliche Verständnis noch mit. Denn dann meinen wir, etwas sei nicht gut. Etwas sei aus dem Lot gefallen. Etwas sei bedroht in seinem innersten Wesen. Heilsein heißt für die Bibel letztlich immer, dass ich mit mir selbst im Einklang bin, aber zugleich auch in Gottes Gnade stehe, unter seinem Segen und Schutz, und dass ich letztlich mit ihm eins bin. Erst im Einssein mit Gott kann ich alles, was sich in mir selbst bekämpft, zusammenbringen als Heilsein und Ganzsein. Und dieses Heilsein kann ich erfahren, selbst wenn ich körperliche oder seelische Schmerzen habe und auch wenn es mir, nach den äußeren Maßstäben geurteilt, nicht sehr gut geht.

Woran wird die Seele krank – was ist heilsam für die Seele?

• • • • • • • •

Die Seele wird krank, wenn sie von anderen gekränkt wird. Es gibt Worte, die einen andern so tief verletzen, dass die Seele daran ihr Leben lang krankt. Wenn etwa ein Vater seine Tochter verflucht oder sie als Frau lächerlich macht, dann kann das so tief gehen, dass die Seele krank wird. Oder wenn ein Kind immer nur verletzende Worte erfahren hat, Ablehnung, Bedrohung, Kälte und Härte, dann kann die Krankheit der einzige Weg sein, auf dem die Seele überleben kann. Dort, wo ein Mensch in seiner Kindheit sehr verletzt worden ist, bilden sich empfindliche Stellen. Und diese empfindlichen Stellen sind das Einfallstor der Kränkungen. Damit wir nicht immer wieder neu gekränkt werden, ist es daher wichtig, sich mit seinen Wunden auszusöhnen und sich mit seinen empfindlichen Stellen anzunehmen.

Es gibt noch einen anderen Grund für unsere Kränkbarkeit. Verletzbar sind wir immer dort, wo wir nicht im Einklang sind mit uns selbst, wo wir am liebsten Seiten in uns unterdrücken möchten, weil sie nicht unseren Idealvorstellungen entsprechen. Wenn wir ganz in unserer Mitte sind, im Einklang mit uns selbst, können uns andere nicht so leicht verletzen. Wir hören zwar die verletzenden Worte, aber sie können nicht tief in uns hineinfallen.

Etwas anderes macht die Seele krank: wenn sie etwas in sich abspaltet, was sie nicht akzeptieren kann. Hier sind oft zu hohe Idealvorstellungen der Grund, dass wir unsere Realität nicht wahrnehmen wollen. Wir wollen unserem Ich-Ideal entsprechen. Aber in uns gibt es auch Schattenseiten –

wie C.G. Jung die nicht gelebten und ungeliebten Seiten in uns nennt. Je mehr wir den Schatten verdrängen, desto eher wird er uns krank machen. Er wird die Seele kränken, aber – wie die psychosomatische Medizin weiß – oft genug wird sich die gekränkte Seele auch in einem kranken Körper ausdrücken.

Heilsam für die Seele ist, dass sie sich geliebt weiß und sich auch selbst liebt, mit allem, was in ihr ist. Und heilsam ist, wenn die Seele atmen kann. Viele Menschen sind nicht in Berührung mit ihrer Seele. Sie leben nur an der Oberfläche. Dieses Abgeschnittensein von ihrer Seele macht sie krank. Nur wenn wir den inneren Zugang zur Seele bekommen, kann sie aufleben und sich entfalten. Die Seele braucht Nahrung. Das ist einmal die Liebe, die der Seele gut tut, aber auch geistige Beschäftigung. Manche werden krank, weil sie der Seele keinen Raum geben. Die Seele braucht Flügel, Leichtigkeit und Weite. Wer ihren Raum einengt, der nimmt der Seele ihre Kraft.

Wie kann ich Vergebung von Schuld erfahren?

• • • • • • •

Wir machen die Erfahrung, dass wir uns selbst nur schwer verzeihen können. Wenn wir einen Fehler gemacht haben, der uns peinlich ist, werfen wir ihn uns ständig vor. Wir ärgern uns, dass wir uns nicht in der Hand hatten, dass wir vor uns oder vor anderen eine so schlechte Figur gemacht haben. Daher brauchen wir die Zusage Gottes, dass er uns bedingungslos annimmt, auch mit unserem Versagen und unserer Schuld. In uns ist ein unbarmherziger Richter, der uns daran hindert, uns selbst zu vergeben. Die Barmherzigkeit Gottes ist die Bedingung, dass wir auch mit uns barmherzig umgehen können. Wir können die Vergebung durch Gott im Gebet erfahren, in der Meditation, aber auch in der Zusage der Vergebung, wie wir sie in jeder Eucharistiefeier hören. Und wir können die Vergebung in der Beichte erfahren. Gerade wenn wir uns eine Schuld immer wieder vorwerfen und sie uns nicht verzeihen können, ist die Beichte eine große Hilfe, die Vergebung zu erfahren. Denn wenn ich wirklich schuldig geworden bin, genügt es nicht, mir nur vorzusagen: Gott ist schon barmherzig. C. G. Jung meint, in uns sei ein unbewusster Widerstand gegen Vergebung. Und dieser tief im Unbewussten liegende Widerstand kann nur durch ein Ritual überwunden werden, das in die Abgründe der Seele hineinreicht. Die Beichte ist ein solches Ritual, das uns in der Tiefe unseres Herzens glauben lässt, dass Gott uns wirklich vergeben hat. Und diese Erfahrung ist die Bedingung, dass wir uns nun auch selbst vergeben können.

Allerdings hat die Erfahrung von Vergebung auch Konsequenzen. Jesus fordert uns auf, nun auch den Menschen zu vergeben, die uns verletzt haben. Vergebung ist dabei nichts Passives, sondern ein aktiver Akt, in dem ich mich befreie von der negativen Energie, die durch den andern noch in mir wirkt. Die Vergebung tut mir selbst gut. Wenn ich dem, der mich verletzt hat, nicht vergeben kann, dann bin ich noch an ihn gebunden. Dann bestimmt der andere noch meine Stimmung. In der Vergebung befreie ich mich von der Macht des anderen. Ich bin wieder bei mir selbst. Und da ich mir auch selbst vergeben habe, bin ich im Einklang mit mir selbst.

Was unterscheidet Trost von Vertröstung?

• • • • • • • •

Das deutsche Wort Trost hat die gleiche Wurzel wie Treue und meint innere Festigkeit. Trauern heißt ja: schwach werden, den Boden unter den Füßen verlieren, keinen Halt mehr haben. Wer mich tröstet, der hält es bei mir aus. Er bleibt stehen. Auf diese Weise ermöglicht er es mir, auch wieder Standfestigkeit zu finden. Vertrösten würde heißen, dass ich dem andern Worte sage, die ihn trösten sollen, die aber an seiner Not vorbeigehen. Oft wollen wir mit Worten das Leid des andern zudecken. Wir halten sein Leid nicht aus. Daher müssen wir es gleich mit Worten „zutexten". Solche Worte sind Vertröstungen. Sie geben dem andern keinen Trost, keine Festigkeit. Viel eher machen sie ihn aggressiv. Oder sie verletzen ihn, weil er spürt, dass der andere sich hinter seinen Worten versteckt. Weil jemand nicht bereit ist, sich auf mich einzulassen, überschüttet er mich mit Worten. Er tut so, als ob er es gut mit mir meint, aber in Wirklichkeit spüre ich, dass er sich mit den Worten mein Leid vom Leib halten möchte. Er erfindet sich lieber eine Theorie über mein Leid, als sich auf mein Leid einzulassen.

Das lateinische Wort für Trost heißt: „*consolatio*". In diesem Kontext ist ein anderes Bild wichtig, das sich aus dem Wort selber erschließt. Es meint eigentlich, dass ich mit (*cum*) dem Einsamen (*solus*) bin. Der Trauernde fühlt sich alleingelassen, einsam. Keiner versteht ihn. Ich beanspruche nicht, ihn zu verstehen, aber ich gehe zu ihm in seine Einsamkeit und halte es in seiner Einsamkeit aus. Ich stehe zu ihm, ganz gleich, ob er weint oder aggressiv ist oder gegen Gott rebelliert oder mich beschimpft, weil ich ja keine Ahnung habe von seiner Not. Es ist nicht so einfach, die Einsamkeit und Not des andern auszuhalten und mit ihm dort zu sein, wo er an sich und am Leben leidet. Aber nur wenn ich bei ihm bleibe, kann sich seine Trauer wandeln. Und nur dann fühlt er sich getröstet. Ich habe ihn nicht mit Worten vertröstet, sondern ich bin ihm selbst zum Trost geworden, zu dem „consolator", der bei ihm ist in seiner Einsamkeit.

Was tröstet mich: die Zeit, der Glaube oder die Hoffnung?

• • • • • • • •

Es gibt ein Sprichwort: „Zeit heilt Wunden". Man sagt es oft, wenn jemand einen lieben Menschen verloren hat. Aber es tröstet nicht wirklich. Mit der Zeit kann auch die Resignation oder die Verzweiflung wachsen. Und wenn ich in der Trauer bin, hilft es mir nicht, wenn jemand sagt: „Die Trauer wird schon vorübergehen." Jetzt tut sie weh. Und jetzt finde ich keinen Weg, von ihr frei zu werden. Der Glaube kann mich in einer solchen Situation trösten. Allerdings darf ich den Glauben nicht als schnelle Lösung missverstehen. Der Schmerz tut trotz des Glaubens weh. Und der Glaube gibt nicht sofort eine Antwort auf mein Leid. Und er löst meinen Schmerz nicht auf. Aber im Glauben fühle ich mich in meiner Not nicht alleingelassen. Ich vertraue darauf, dass Gott bei mir ist. Natürlich sagen manche: „Ich erfahre Gott nicht in meiner Trauer. Er hat mich alleingelassen." Das ist eine schmerzliche Erfahrung, die ich nicht vorschnell überspringen darf. Aber wenn ich sie zulasse, kann ich in meinen Schmerz hinein glauben, dass ich trotz allem getragen bin. Für uns Christen ist dabei der Blick auf Jesus, der am Kreuz hängt, der selbst tiefe Einsamkeit, Verlassenheit und Leid erfahren hat, eine Hilfe, sich im Leid von ihm verstanden zu wissen. Denn er hat das Leid selbst in seiner Abgründigkeit durchlebt. Und der Glaube gibt mir das Vertrauen, dass ich durch das Leid und durch die Trauer nicht aus der Liebe Gottes falle. Ich bin auch dort von seiner Liebe umgeben.

Die Hoffnung ist für mich auch ein wichtiger Trost. Hoffnung hat mit Zeit, mit einem Überschreiten bloßer Gegenwartsverhaftung zu tun – ohne die Gegenwart zu leugnen. Hoffnung heißt auch nicht, dass künftig alles besser wird. Hoffnung ist etwas anderes als die Erwartung eines bestimmten Zustandes. Denn wenn dieser Zustand so nicht kommt, wie ich mir das vorgestellt habe, wäre die Hoffnung zerbrochen. Hoffnung – so sagt der französische Philosoph Gabriel Marcel, der eine eigene Philosophie der Hoffnung entwickelt hat – ist immer Hoffnung für dich und für mich. Wer hofft, der sagt: Ich hoffe, dass sich in mir etwas wandelt und dass ich besser mit dem Leid umgehen werde. Und ich hoffe für dich, dass deine Trauer sich wandelt und du mit der Kraft in dir in Berührung kommst. Die Hoffnung kann warten. Sie hat Geduld. Es gibt immer Menschen um mich herum, denen es gerade nicht gut geht, die „durchhängen". Die Hoffnung vertraut darauf, dass sie durch diese Krise hindurch kommen. In der Hoffnung gebe ich den andern nicht auf. Ich vertraue darauf, dass er seinen Weg findet. Und ich kann in Geduld warten, bis der andere wieder in Berührung kommt mit seiner eigenen Kraft.

Paulus bringt Hoffnung und Geduld zusammen: „Hoffen wir auf das, was wir nicht sehen, dann harren wir aus in Geduld." (Röm 8,25) In diesem Wort kommt noch eine andere Seite der Hoffnung zum Ausdruck. Hoffnung hat immer mit dem Unsichtbaren zu tun. Wir hoffen auf das, was wir nicht sehen, sagt Paulus im Römerbrief (Röm 8,24). Ich sehe in mir noch keine Verwandlung des Leids oder der Trauer. Aber ich hoffe auf das, was in mir noch nicht sichtbar und spürbar ist, auf den Glauben, auf das Heil, auf die innere Kraft, die in mir ist, auf Gott, den ich auch nicht sehe, der mir aber trotzdem zur Seite steht. Ich sehe im andern noch nicht, dass das Gute sich in ihm entfaltet. Ich sehe nur seine Krise, eine Schwäche. Doch ich vertraue auf das, was ich noch nicht sehe. Und indem ich daran glaube, wächst das Verborgene im anderen. Hoffen heißt: auf das Unsichtbare setzen und darauf vertrauen, dass es stärker wird als das, was mir jetzt gerade in die Augen fällt.

„Die Sehnsucht
nach Gerechtigkeit
nimmt nicht ab
Aber die Hoffnung"

das hat Hilde Domin einmal gedichtet. Aber auch wenn es Resignation geben mag, es lässt sich die Hoffnung nicht aufheben: „Der Glaube, den ich am meisten liebe, sagt Gott, ist die Hoffnung." Der französische Denker und Literat Charles Péguy hat in diesem Satz die Kraft der Hoffnung wunderbar formuliert.

● ● ● ● ● ● ● ●

Um zu reifen, ist es nicht notwendig, schlechte Erfahrungen zu machen. Jeder, der bewusst lebt, der das, was in ihm ist, wahrnimmt, der sich mit den Möglichkeiten, die in ihm liegen, auseinandersetzt und sie entfaltet, der reift. Wir brauchen also nicht das Leid, um zu reifen. Aber es besteht die Gefahr, dass der Mensch, der immer Erfolg hat, stehen bleibt. Er meint, er hätte schon alles, die Leute würden ihn mögen, also sei er schon vollkommen. Doch wer stehen bleibt, der hört auf zu reifen. Stehen bleiben ist eher ein Rückschritt. Natürlich müssen wir immer wieder stehen bleiben, um still zu werden und nach innen zu horchen, wo wir eigentlich stehen. Aber die Weisen aller Völker haben das Leben des Menschen als Weg gesehen. Und auf dem Weg muss man immer voranschreiten. C. G. Jung sagt einmal, wer nicht bereit sei, sich zu wandeln, der würde erstarren. Und er meint, ein erfolgreiches Leben sei der größte Feind der Verwandlung. Das darf man natürlich nicht pauschal sehen. Es gibt durchaus erfolgreiche Menschen, die trotzdem innerlich weitergehen und sich weiterentwickeln, weil sie sich nicht zufrieden geben mit dem, was sie momentan leben. Sie wollen nicht immer größeren Erfolg, sondern sie wollen wahrhaft Mensch werden. Sie stellen sich allem, was in ihnen ist.

Wenn wir auf unserem inneren Weg träge werden oder gar stehen bleiben, dann kann uns ein Leid oder eine Enttäuschung wach rütteln. Aber wer immer wach lebt, der braucht nicht unbedingt das Leid. Wenn das Leid kommt, nimmt er es an als Aufruf, sein Leben neu zu bedenken und die Maßstäbe neu zu setzen. Aber er ist auch sonst immer in Bewegung. Wenn der hl. Benedikt vom Mönch verlangt, dass er sein Leben lang wahrhaft Gott sucht, dann, weil er davon überzeugt ist: Mit seiner Suche bleibt der Mensch lebendig. Er gibt sich nicht zufrieden, fromm genug zu leben, jeden Tag zu beten und seine Pflichten zu erfüllen. Er macht sich immer neu auf die Suche nach dem unbegreiflichen Gott. Gott suchen heißt immer auch, nach dem wahren Menschsein suchen, Ausschau halten nach dem, was mich im Tiefsten erfüllt. Wer sein Leben lang sucht, der reift, ganz gleich ob ihn Leid trifft oder ob er davon eher verschont ist. Wenn er aber mit persönlichem Leid konfrontiert wird, versucht ein solcher Mensch es anzunehmen und daran zu reifen.

Hat Reife im menschlichen Leben ein Ziel?

● ● ● ● ● ● ● ●

Wenn wir das Bild der reifen Frucht nehmen, dann verstehen wir unter Reife, dass man eine solche Frucht essen und genießen kann. Der reife Mensch ist also auch jemand, den man genießen kann, der andere nährt und sie erfreut. Die Frucht reift zu ihrer Bestimmung. So können wir vom Menschen sagen, dass er in sein wahres Wesen hineinreift, in die Gestalt, die Gott für ihn vorgesehen hat, die seinem innersten Kern entspricht. Jeder Mensch soll das entfalten, was in ihm steckt. Er soll immer mehr zu dem einmaligen und einzigartigen Bild heranreifen, das Gott sich von ihm gemacht hat. Oder soll das einmalige Wort, das Gott nur über ihn und zu ihm gesprochen hat, in dieser Welt vernehmbar werden lassen.

Die Frage ist, wie ich dieses einmalige Bild oder Wort erkenne. Für mich ist ein Weg, mein wahres Wesen zu erkennen, still zu werden und in mich hinein zu horchen: Stimmt es so mit mir? Bin ich stimmig? Stimme ich überein mit meinem Innersten? Oder aber kommt in mir die Ahnung hoch, dass ich an mir vorbei lebe, dass ich irgendwelchen äußeren Erwartungen folge oder den Erwartungen meines eigenen Ehrgeizes hörig bin? Wenn ich in der Stille ganz im Frieden mit mir bin, wenn ich mich zugleich lebendig und frei fühle und voller Liebe, dann darf ich davon ausgehen, dass ich mit dem wahren Bild in mir in Berührung bin. Aber das heißt noch nicht, dass ich stehen bleibe. Ich will diesem inneren Bild noch näher kommen. Ich will durchlässig werden für das wahre Wesen. Letztlich finde ich zu meinem wahren Bild erst dann, wenn ich durchlässig geworden bin für Gott, wenn mein Ego aufhört, mein ursprüngliches und unverfälschtes Bild zu verstellen oder zu verdunkeln. Zur Reife gehört es also, dass ich immer freier werde von der Herrschaft des Ego und immer mehr zu meinem wahren Selbst finde.

Wer so reif geworden ist, der wird andere nähren. Sie können von ihm leben. Sie suchen gerne seine Nähe, sprechen mit ihm und fühlen sich von ihm verstanden und ermutigt auf ihrem persönlichen Weg. Sie spüren, dass ihnen da ein reifer Mensch gegenübersteht, an dessen Reife und Weisheit sie sich erfreuen dürfen.

Worauf kann ich hoffen?
Wird alles gut?

● ● ● ● ● ● ●

Jeder macht in seinem Leben Erfahrungen, die er als problematisch und schwierig erlebt – der Glaubende nicht anders als jemand, der keinen Sinn im Ganzen sieht. Aber wer glaubt, ist grundsätzlich davon überzeugt: Die Welt ist von Gott geschaffen, und sie ist der Ort, an den Gott mich gestellt hat. Insofern ist sie ein guter Ort. Ein Ort, an dem ich mich bewähren und entfalten soll, und ein Ort, den ich im Sinne Gottes gestalten soll. Aber es kommt immer darauf an, wie ich die Welt verstehe.

Die Bibel spricht im Alten Testament von der Welt als der guten Schöpfung Gottes und als der Welt des Menschen, die Gott in seinen Händen hält und die er auch verwandeln wird in seine endgültige Welt. Allerdings weiß schon das Alte Testament, dass die Welt angeschlagen ist, dass in ihr auch Sünde vorkommt, dass Hass und Zwietracht existieren. In der Sicht des pessimistischen Weisen Kohelet bewegt sich die Welt in einem Kreislauf von Enttäuschungen und Belastungen. Die Propheten sehen die Welt in ihrer Angeschlagenheit. Aber sie verkünden zugleich die Welt, die Gott erneuert, eine Welt voller Gerechtigkeit und Frieden.

Auch im Neuen Testament treffen wir auf diese doppelte Sicht. Paulus und Johannes verstehen die Welt eher negativ. Für Johannes hat sich die Welt dem Glauben an Jesus verweigert. Es ist also eine Welt, die dunkel bleibt, unerleuchtet. Er spricht von „dieser" Welt, die sich Gott gegenüber verschließt. Gegen diese verschlossene Welt will der Glaube aber eine Gegenwelt errichten, in der Gott herrscht und alles erleuchtet, in der Gottes Liebe alles durchdringt. Für Paulus ist die Welt vor allem durch die Sünde gekennzeichnet. Und es ist nur eine vorläufige Welt, die der Christ aushalten soll, bis Christus die neue Welt heraufführt. Die Welt ist der Ort, an dem wir leben. In ihr erkennen wir die Schönheit der Schöpfung. Die Welt ist aber zugleich der Ort, an dem wir uns bewähren sollen. Wir sollen in der Welt leben, aber uns nicht von der Welt bestimmen lassen. Wir leben in der Welt vielmehr als Menschen, die in Gott ihren wahren Ursprung haben und daher die Welt so gestalten und formen, dass sie für alle lebenswert wird. Wir haben Verantwortung für diese Welt. Wir dürfen sie nicht ausbeuten, sondern sollen sie so hegen und pflegen, dass auch die nachkommenden Geschlechter noch gut darin wohnen können.

Ob die Welt ein guter Ort ist, das ist also auch eine Frage an uns selber. Denn ob sie für unsere Nachfahren ein guter Ort sein wird, hängt nicht zuletzt davon ab, wie wir ihnen diese Welt hinterlassen.

Meine begrenzte Lebenszeit und die Ewigkeit:
sind sie aufeinander bezogen?

• • • • • • •

Meine begrenzte Zeit ist immer schon auf Ewigkeit bezogen, aber nicht in dem Sinn, dass nach der begrenzten Zeit die Ewigkeit kommt, die kein Ende hat. Ewigkeit dürfen wir nicht als unbegrenzte Zeitdauer verstehen. Vielmehr hat schon der christliche Philosoph Boethius um das Jahr 500 die Ewigkeit definiert als „der vollkommene, in einem einzigen, alles umfassenden Jetzt gegebene Besitz grenzenlosen Lebens". Ewigkeit ist also eine ganz bestimmte Qualität der Zeit. Wir machen manchmal die Erfahrung, dass die Zeit stillzustehen scheint. Wenn ich einen Sonnenuntergang betrachte und dabei ganz im Schauen bin, dann achte ich nicht auf die Zeit, dann bin ich ganz im Augenblick. Und in diesem Augenblick steht die Zeit still, da fallen Zeit und Ewigkeit zusammen.

Jesus spricht im Johannesevangelium immer wieder vom ewigen Leben: Wer an Jesus glaubt, der hat das ewige Leben. Ewiges Leben ist nicht in erster Linie das Leben nach dem Tod, sondern es ist eine eigene Qualität von Leben. Wir machen immer wieder die Erfahrung, dass die Zeit verfliegt, dass sie brüchig ist, dass wir sie nicht festhalten können. Ewiges Leben ist ein Leben, das in der Zeit ist, aber doch über der Zeit steht, das nicht vergänglich und brüchig ist, sondern beständig, dauerhaft. Wir können in unserem Leben als Menschen die Ewigkeit nicht festhalten. Aber in dem Augenblick, in dem wir ganz im Schauen sind, in dem Zeit und Ewigkeit zusammenfallen, haben wir eine Ahnung von etwas Dauerhaftem, Beständigem, Ewigen, das nicht wieder zerfällt. In diesem Augenblick verstehen wir, was Ewigkeit ist. Und in solchen Augenblicken erfahren wir auch einen inneren Zusammenhang zwischen unserer begrenzten Lebenszeit und der Ewigkeit. In unsere begrenzte Zeit bricht immer wieder Ewigkeit ein. Da berühren wir etwas, was die Zeit übersteigt und der Vergänglichkeit der Zeit nicht unterworfen ist. Das, was wir in solchen Erfahrungen nur ahnen, wird nach dem Tod für immer Wirklichkeit sein. In seinem Cherubinischen Wandersmann hat Angelus Silesius das so ausgedrückt:

„Wenn ich in Gott vergeh', so komm ich wieder hin,
Wo ich von Ewigkeit vor mir gewesen bin."

Es wird keine langweilige einfach nur ins Unendliche ausgedehnte Zeit sein. Vielmehr ist die Zeit dann aufgehoben in Ewigkeit.

Was heißt „erfüllte Zeit" oder „erfülltes Leben"?

● ● ● ● ● ● ● ●

Wir sprechen von erfüllter Zeit, wenn wir genügend zu tun haben und wenn wir etwas Sinnvolles tun. Die Zeit ist für uns erfüllt, wenn sie voll ist von guten Gesprächen, wenn wir eine Arbeit haben, die Freude bereitet, wenn unser Leben bestimmt ist von Gelingen und Genießen. Psychologen sprechen dann vom „Flow", vom Fließen, in dem wir die Zeit regelrecht vergessen. Von einem erfüllten Leben sprechen wir, wenn das Leben reich ist an guten Begegnungen, wenn alles, was wir tun, einen Sinn in sich trägt und auch für andere Menschen hilfreich und heilsam ist. In diesem Sinn sagen alte Menschen, dass sie auf ein erfülltes Leben zurückblicken. Sie sind dankbar für das, was sie erlebt und was sie getan haben. Das deutsche Wort „erfüllt" kommt von voll und meint, dass vieles hineingefüllt ist in unser Leben, dass wir viel erlebt und viel vollbracht haben.

In der Bibel finden wir ein anderes Verständnis von erfüllter Zeit. Jesus beginnt seine Verkündigung mit dem Wort: „Die Zeit (kairos) ist erfüllt, das Reich Gottes ist nahe." (Mk 1,15) Die Zeit ist erfüllt, weil Gott selbst in ihr ist, weil Gott dem Menschen nahe gekommen ist. Wenn Gott in mir herrscht, dann bin ich frei vom Druck der Zeit, dann ist meine Zeit erfüllt. Sie ist voll von Gott.

Die Mystiker haben über diesen Begriff der Fülle der Zeit nachgedacht. Für Meister Eckehart ist die Zeit durch die Menschwerdung Gottes erfüllt worden. Die Zeit ist der Ort, an dem der Mensch mit Gott eins wird. Wenn wir eins sind mit dem ewigen Gott, dann ist die Zeit erfüllt. Augustinus greift das Wort des hl. Paulus von der Fülle der Zeit auf: „Als die Fülle der Zeit kam, erschien auch er, der uns von der Zeit befreien wollte. Denn befreit von der Zeit, sollen wir zu jener Ewigkeit gelangen, wo keine Zeit ist." Für Paulus besteht die Fülle der Zeit darin, dass Gott seinen Sohn in die Welt sandte. (Gal 4,4) In Jesus ist Gott und Mensch eins, Zeit und Ewigkeit. Wenn wir in Christus sind, haben wir teil an Gott und seiner Fülle, an seiner Ewigkeit.

Die Frage ist, wie wir diese Aussagen Jesu und der Mystiker über die erfüllte Zeit für uns deuten können. Für Jesus ist die Zeit erfüllt, wenn Gott in uns herrscht. Das bedeutet: erfüllte Zeit ist dann da, wenn ich nicht von Menschen oder Terminen bestimmt werde, sondern wenn ich ganz frei bin, ganz ich selbst bin. Gottes Reich meint ja im Sinne Jesu: Ich lebe in völliger Übereinstimmung mit Gott und auch mit meinem eigenen Wesen. Ich werde nicht bestimmt von außen. Ich lasse mich von der Zeit nicht unter Druck setzen. Die Zeit ist mir geschenkt, von Gott geschenkt. Für Augustinus hat erfüllte Zeit damit zu tun, dass wir in der Zeit die Ewigkeit erfahren. Jeder von uns hat wohl schon die Erfahrung gemacht, dass die Zeit für ihn still gestanden ist. Er hat einen Sonnenuntergang beobachtet, er ist einem Menschen begegnet und war von ihm so fasziniert, dass er die Zeit vergessen hat. In diesem Augenblick fallen Zeit und Ewigkeit zusammen, da herrscht nicht der „chronos", der Zeitfresser, sondern da ist „kairos", angenehme Zeit, Zeit der Gnade, Zeit, in der Gottes Gegenwart mir ermöglicht, ganz im Augenblick zu sein. In solchen Augenblicken fühle ich mich eins mit mir und mit allem, was ist. Da ist wahrhaft erfüllte Zeit.

Langeweile ist ein Zeichen unserer Zeit. Wie kann die Erfahrung der Leere zu erfüllter Zeit werden?

• • • • • • •

Der Begriff der Langeweile sagt schon von der Sprache her, dass es eine lange Zeit ist, die nicht vergeht. Es wird langweilig, weil nichts geschieht. Dahinter steckt ein falsches Verständnis von Ewigkeit. Man versteht Ewigkeit als Zeit ohne Ende. Aber eine Zeit, die mir endlos vorkommt, wird langweilig. Ewigkeit meint aber den Augenblick, in dem Zeit und Ewigkeit zusammen fallen, in dem ich ganz im Augenblick bin, ganz bei mir. Wenn ich ganz präsent bin, dann ist mir die Zeit nicht langweilig.

Langeweile empfindet, wer nicht mit sich in Berührung ist. Er erwartet seine Lebendigkeit von dem, was ihm in der Zeit begegnet. Er ist von äußeren Ereignissen abhängig. Wenn sich nichts Spektakuläres ereignet, dann erlebt er die Zeit als langweilig. Letztlich fühlt er sich selbst langweilig. Er fühlt sich selbst ohne Leben. So ist er unfähig, die Zeit mit Leben zu erfüllen.

Jeder von uns wird Momente der Langeweile erleben. Wir sollten uns darüber nicht wundern, sondern diese Erfahrung als Herausforderung verstehen, über uns und unsere Lebendigkeit nachzudenken. Wie erlebe ich mich denn selber? Fühle ich mich nur lebendig, wenn möglichst viel „los" ist, wenn ständig etwas Interessantes geschieht? Oder fühle ich das Leben auch in mir? Die Langeweile ist eine Einladung, jetzt im Augenblick zu sein, mich zu spüren, das Sein um mich herum zu spüren, die Zeit wahrzunehmen als Geheimnis. Dann wird die Langeweile zu einer guten Weile, in der ich gerne verweile, weil in diesem Augenblick schon alles da ist, was ich zum Leben brauche.

Die Angst vor dem Alter steigt in unserer Gesellschaft.
Wie kann ich dieser Angst begegnen?

• • • • • • •

Viele versuchen, der Angst vor dem Älterwerden – der Angst vor Isolation, Schwäche und Ausgeliefertsein – zu entfliehen, indem sie sich möglichst lange mit vielen interessanten Dingen beschäftigen, indem sie sich beweisen, wie viel Kraft sie noch in sich haben. Doch durch Zerstreuung lässt sich Angst nicht überwinden. Angst ist eine Herausforderung, mir Gedanken zu machen, nicht nur über mein Altwerden, sondern überhaupt über das Menschsein. Was macht meinen Wert aus? Bin ich nur wertvoll, wenn die andern mich für jung und dynamisch ansehen? Hat das Alter nicht andere Werte: Weisheit, Gelassenheit, Milde? Die Angst lädt mich ein, die Maßstäbe zu überdenken, mit denen ich mein Leben messe. Vielleicht stößt mich die Angst vor dem Altwerden auf die Grundannahme: „Ich bin nur wertvoll, wenn ich etwas leiste, oder wenn ich gebraucht werde." Indem ich es formuliere, merke ich, dass das die Wahrheit nicht sein kann. Die Angst zwingt mich, menschlichere Grundannahmen zu entwickeln, mit denen ich besser leben und besser alt werden kann. Sie lädt mich auch ein, mich damit auszusöhnen, dass ich einmal schwächer werde, dass ich auf fremde Hilfe angewiesen sein werde, dass ich nicht mehr alles kann, was ich gerne möchte. Eine alte Frau erzählte mir, sie sei nie so sehr mit sich im Einklang gewesen wie jetzt mit 80 Jahren. Das ist ein Zeichen, dass sie die Angst vor dem Altwerden angenommen hat und sich von ihr auf das Geheimnis ihres Lebens verweisen ließ. Indem ich mich der Angst stelle, werde ich spüren, was mein Leben wirklich trägt.

● ● ● ● ● ● ●

So wie wir uns hier erleben, werden wir nicht ewig dauern. Wir werden sterben und im Tod wird unser Leib verwesen. Große Geister aller Zeiten und Kulturen haben darüber nachgedacht, was nach dem Tod bleiben wird. Für den griechischen Philosophen Platon ist es die Seele, die unsterblich ist. Sie wird zu Gott kommen und für ewig bleiben. Die Christen sprechen von der Auferstehung der Toten. Das, was tot ist, wird zu neuem Leben auferstehen. Die Frage ist, wie wir das verstehen sollen. Manche verstehen es so, dass wir im Tod in Gott aufgehen wie ein Tropfen im Meer. Es wird keine Person mehr sein. Alles wird mit Gott und mit dem Kosmos eins. Gegenüber dieser apersonalen Sicht hält das Christentum daran fest, dass wir als Person zu Gott kommen werden. Die Kirche sagt, dass wir mit Leib und Seele auferstehen werden. Was heißt das? Der Leib ist der Gedächtnisspeicher für die Seele. Alle wichtigen Erfahrungen machen wir im Leib. Im Leib erleben wir Freude, Liebe, Schmerz. Wenn wir mit Leib und Seele zu Gott kommen werden, dann heißt das, dass das, was unsere Person ausmacht, in Gott hinein gerettet wird. Wir können es auch anders ausdrücken. Der Philosoph Gabriel Marcel meint einmal von der Liebe: „Lieben heißt zum andern sagen: Du, du wirst nicht sterben." In der Liebe steckt die Ahnung, dass sie ewig ist, dass wir nicht aus der Liebe herausfallen können. Das gilt einmal von der Liebe Gottes zu uns, die uns in Jesus Christus begegnet ist. Wir werden im Tod nicht aus der Liebe fallen, die wir in Jesus Christus immer wieder leibhaft erleben, etwa wenn wir in der Kommunion eins werden mit ihm. Es gilt aber auch für die Liebe zwischen den Menschen. In jeder Liebe ist die Ahnung, dass die Liebe stärker ist als der Tod. Und es ist Überzeugung der Christen, dass wir uns im Tod wieder sehen werden. Es gibt Briefe von Widerstandskämpfern im Dritten Reich, die vor ihrer Hinrichtung an ihre Frauen und Kinder voller Vertrauen geschrieben haben: „Wir werden uns wieder sehen." Sie waren überzeugt, dass die Henker zwar ihr Leben vernichten konnten, aber nicht ihre Liebe. Ihre Liebe überdauerte den Tod. Der Tod trennte die Liebenden nur leiblich, aber er konnte die Liebe nicht zerstören. Und diese Liebe wird ihre Vollendung in der Ewigkeit finden.

Wir dürfen also vertrauen, dass unser Personsein im Tod bleiben wird. Allerdings dürfen wir unser Personsein nicht mit dem Ego verwechseln. Das Ego wird im Tod zerbrechen. Bleiben wird unser wahres Wesen, unser innerster Kern, unser Selbst. Wie das genau aussehen wird, das können wir nicht sagen. Wir müssen bei all dem, was wir über den Tod und die Ewigkeit aussagen können, immer wissen, dass unsere Worte nur Bilder sind für das Unsagbare und Unbegreifliche.

In seinem „Gottesstaat" hat Augustinus eine Formulierung über das Leben nach dem Tod gewagt: „Dort werden wir ausruhen und sehen, sehen und lieben, lieben und loben. Das ist das Wesen des Endes ohne Ende. Denn welches Ende entspräche uns mehr als in das Reich zu kommen, das kein Ende kennt?" Im Wissen, dass die christliche Tradition immer gewusst hat, dass alle Versuche nicht angemessen sind, das auszudrücken, was uns im Untergang des Todes neu aufgeht, können wir in dieser Richtung, die uns die christliche Tradition angibt, doch denken und glauben, dass es die Liebe ist, die uns im Tod begegnen wird.

Kann man sich im Leben auf einen guten Tod vorbereiten?

● ● ● ● ● ● ●

Der Tod wird kommen. Wir wissen nicht wann, und wir wissen nicht wo. Das gilt heute genauso, wie es im Mittelalter galt, als diese einfache und klare Wahrheit das Leben noch mehr prägte. Damals war es den Menschen wichtig, um eine gute Todesstunde zu beten und sich auf einen guten Tod vorzubereiten. Es gab eine eigene „ars moriendi", eine Kunst zu sterben. Es gab Rituale, mit denen man sich etwa im Kreis der Familie auf den guten Tod vorzubereiten versuchte. Heute wird das Lebensende dank des medizinischen Fortschritts und dank einer langen Lebenserwartung immer mehr hinausgeschoben und verdrängt. Aber Wahrheit bleibt: Mein, unser aller Tod wird kommen. Und es bleibt auch die Frage, was ein guter Tod und was ein gutes Leben angesichts der Gewissheit des Todes sind.

Dabei geht es nicht nur darum, sich im Leben auf einen guten Tod vorzubereiten, sondern den Tod als Ansporn zu verstehen, gut zu leben. Leben und Tod gehört zusammen. Wir können nur gut sterben, wenn wir uns während des Lebens einüben in das, was den Tod ausmacht, in das Loslassen. Wir müssen ständig etwas loslassen. Wir müssen unsere Kindheit loslassen, um erwachsen zu werden. Wir müssen unsere Kraft loslassen, wenn wir älter werden, um den inneren Reichtum unserer Seele zu entdecken. Wir müssen unser Ego loslassen, damit Größeres in uns wachsen kann. Und wir müssen im Tod unser Leben und alles, woran wir uns festklammern, loslassen, um mit Gott eins zu werden.

Umgekehrt gilt: Indem wir auf den Tod schauen, werden wir aufgefordert, richtig zu leben, bewusst zu leben. Der

Tod verstärkt das Leben. Mozart hat den Tod den „Schlüssel zur Glückseligkeit" genannt. Der Gedanke an den Tod hat ihn dazu befähigt, ganz im Augenblick zu leben. Und in seiner Musik hat er Leben und Tod, Zeit und Ewigkeit miteinander verbunden. Wenn seine Musik erklingt, ahnen wir, dass diese Musik über den Tod hinaus klingt, in die ewige Fülle Gottes hinein.

Ein Mönchsvater im vierten Jahrhundert wurde einmal gefragt, warum er nie Angst habe. Er meinte, weil er sich täglich den Tod vor Augen halte. Dies war für Mönche eine wichtige Übung. Auch der hl. Benedikt fordert seine Mönche ausdrücklich dazu auf. Es geht in dieser Übung nicht darum, dem Augenblick auszuweichen. Vielmehr lässt mich der Gedanke an den Tod ganz bewusst im Augenblick leben. Ich brauche mich an diesem Augenblick nicht festzuklammern. Und der Gedanke an den Tod lädt mich ein, das Leben bewusst als etwas Einmaliges zu genießen. Ich werde diesen Augenblick – hier und jetzt – nur einmal erleben. Also erlebe ich ihn bewusst. Der Gedanke an den Tod vertieft also den Geschmack am Leben. Ich werde jede Begegnung in ihrem Geheimnis wahrnehmen, wenn ich mir vorstelle, es könnte die letzte sein. Ich sage Worte, die ich sonst vielleicht nie sagen würde, weil ich sie mir immer noch für später aufheben kann. Der Gedanke an den Tod verstärkt und vertieft das Leben. Und ein so bewusst gelebtes Leben ist die beste Vorbereitung auf den Tod. C. G. Jung meint, dass gerade die, die nie gelebt haben, am schwersten sterben. Wer nie wirklich gelebt hat, dem wird im Angesicht des Todes bewusst, dass er auch nicht loslassen kann. Das ungelebte Leben hindert ihn daran, gut zu sterben, und das heißt: sich getrost in Gott hinein loszulassen. Wer das Leben liebt, sollte also den Tod nicht verdrängen.

Warum sollen wir als freie Menschen nicht über unseren Tod verfügen können?

● ● ● ● ● ● ●

Als der evangelische Pfarrer und Dichter vieler Kirchenlieder, die in beiden Kirchen auch heute noch gerne gesungen werden, Jochen Klepper, damit rechnen musste, dass seine jüdische Frau von den Nazis ermordet werden würde, setzte er seinem und dem Leben seiner Frau durch Gift ein Ende. Das hat damals viele Christen erschüttert. Aber Klepper sah für sich keinen anderen Ausweg. Wir können einen solchen Schritt nur respektieren. Und wenn ein Mensch in unserer Nähe Suizid begeht, dürfen wir nie urteilen. Oft genug geschieht es in einer Depression. Und darin ist der Mensch letztlich nicht frei. Oder Menschen wählen diesen Weg, weil sie ihre Situation als ausweglos erfahren. Wir dürfen vertrauen, dass das dann ihr Weg war, um in Gottes gütige Hände zu fallen. Oft kommen Eltern zu mir, deren Kinder sich das Leben genommen haben. Sie haben Schuldgefühle, dass sie ihren Sohn, ihre Tochter, nicht daran hindern konnten oder fragen sich, was sie falsch gemacht haben, dass das Leben ihres Kindes so endete. Diese Menschen versuche ich zu trösten, dass wir den Sohn oder die Tochter der Barmherzigkeit Gottes anvertrauen dürfen. Wir sollen die Schuldgefühle Gott hinhalten und sie loslassen und vertrauen, dass der Verstorbene jetzt in Gottes Frieden ist.

Aber wenn mich ein Mensch fragt, ob er seinem Leben ein Ende setzen darf, kann ich nur antworten: Es steht mir nicht zu, mir das Leben zu nehmen. Ich bin nicht Herr über Leben und Tod. Ich vertraue mich Gott an. Natürlich weiß ich, dass die philosophische Diskussion um den Freitod schon immer sehr kontrovers war. In Griechenland haben sich Sokrates, Platon und Aristoteles vehement gegen den Suizid gewehrt, während die stoische und epikureische Schule den Freitod als Zeichen menschlicher Freiheit ansahen. Die Tradition christlicher Theologie hat sich immer gegen den Suizid ausgesprochen. Thomas von Aquin hat drei Gründe gegen den Suizid angeführt: Gott allein ist Herr über Leben und Tod. Suizid verstößt gegen die Selbstliebe. Und Suizid verstößt gegen die Gemeinschaft, zu der wir gehören. Psychologen wie Erwin Ringel haben den Suizid als Endpunkt einer krankhaften Entwicklung gesehen. Als Therapeut setzte Ringel alles daran, den Menschen in die Kunst des Lebens einzuführen und ihn von krankhaften Selbstaggressionen zu heilen.

Ich weiß, wie schwierig die Frage im Einzelfall zu beantworten ist. Aber ich werde niemandem raten, seinem Leben selbst ein Ende zu setzen. Ich versuche, dem Kranken oder dem, der sich gescheitert fühlt, zu erklären, dass er durch seine Krankheit und durch sein Scheitern zu reifen vermag, dass er Erfahrungen von Gnade und Barmherzigkeit machen darf, von Vertrauen und Getragensein, und dass durch das ausgehaltene Sterben oft ein Prozess der Versöhnung mit anderen Menschen geschieht. Ich werde alles daran setzen, Menschen vom Suizid abzuhalten. Aber ich werde jede Entscheidung respektieren und dann den Weg, den ich selbst nicht für angemessen halte, der Barmherzigkeit Gottes anvertrauen.

Wenn ich mir die Diskussion um aktive Sterbehilfe oder um Beistand zum Suizid anhöre, dann spüre ich, dass da oft von falschen Prämissen ausgegangen wird. Da wird Leiden als unzumutbar gesehen. Doch wenn Leiden unzumutbar wird, dann wird die Gesellschaft immer brutaler. Dann müssen sich Leidende vor den andern verstecken oder sich möglichst selbst entsorgen, um andern und sich selbst nicht zur Last zu fallen. Wir sollen das Leben nicht künstlich verlängern. Wenn ein alter und kranker Mensch die Nahrung verweigert, müssen wir ihn nicht künstlich ernähren. Es ist sein Recht, langsam zu sterben, wenn die Seele spürt, dass es an der Zeit ist. Aber seinem Leben aktiv ein Ende zu setzen, steht nicht in unserer Macht. Wir überspringen damit wesentliche Schritte, die zu einem Gelingen des Sterbens beitragen könnten. Und ich bemerke in dieser Diskussion oft einen falsch verstandenen Begriff von Freiheit. Wir sind frei, wenn wir unserem Wesen gerecht werden, aber nicht, wenn wir gegen unsere innere Bestimmung entscheiden. Und Suizid ist für mich eine Entscheidung gegen mein Wesen. Dass es in einzelnen Fällen wie bei Jochen Klepper oder bei manchen christlichen Frauen, die in der frühen Kirche bei Verfolgung Hand an sich legten, um nicht geschändet, gefoltert und ermordet zu werden, schwer ist, zu entscheiden, gestehe ich ein. Daher werde ich nie urteilen, sondern das Urteil immer Gott überlassen. Aber wenn ich gefragt werde, sage ich das, was ich fühle und was ich als der menschlichen Natur und der christlichen Botschaft entsprechend erkannt habe.

Ist christliche Hoffnung im Leiden angesichts des Todes,
der allen bevorsteht, etwas anderes als Vertröstung?

• • • • • • • •

Die christliche Hoffnung im Leiden sehnt sich nicht
nur nach dem Tod als Beendigung des Leidens. Sie ist vielmehr zuerst einmal Hoffnung, dass ich durch das Leiden
nicht zerbreche, sondern aufgebrochen werde für Gott. Die
Hoffnung lässt mich das Leiden anders erleben. Ich hoffe
darauf, dass Gott mein Leid beendet, nicht durch den Tod,
sondern durch Heilung meiner Krankheit, durch Trost in
meinem Schmerz, durch eine tiefe Erfahrung von Liebe, die
das Leid verwandelt. Und solche Hoffnung lässt mich das
Leid anders erleben. Ich gebe mich selbst nicht auf. Ich
hoffe auf Gott, und ich hoffe auf mich und für mich, dass
das Leid mich reifer werden lässt und mich in eine tiefe Erfahrung des Lebens und des Geheimnisses Gottes führt.

Die Hoffnung im Leiden kann sich jedoch auch auf den
Tod beziehen. Ich hoffe darauf, dass spätestens im Tod das
Leid ein Ende findet. Der Tod ist dann nicht etwas Schreck-
liches, sondern etwas, das ich als befreiend und erfüllend
erlebe. Der Tod wird mich erlösen von den Schmerzen, von
dem Leiden an mir selbst und von dem Leiden an den anderen. Da wird dann für immer Friede sein. In diesem Sinn hat
Reinhold Schneider den Tod ersehnt als ewige Ruhe, als einen Zustand, in dem er endlich ausruhen kann von seiner
Schlaflosigkeit, in dem er frei sein wird von seinen Zweifeln
und Grübeleien, erlöst von seinen nie aufhörenden Schmerzen. In diesem Sinn gibt es auch eine christliche Todessehnsucht.

Christliche Todessehnsucht hat aber nichts mit Nekrophilie zu tun. Erich Fromm hat diese Haltung beschrieben:

Nekrophilie heißt: Liebe zum Toten, zum Verwesen, zum Leichenhaften. Sie drückt sich aus als Faszination für das Leblose, Tote, Zerstörerische, Dinghafte, Gefühllose. Erich Fromm meint, dass die Nekrophilie die Liebe zum Lebendigen schwäche und so eine Bedrohung gesunden Menschseins darstelle. Man könnte diese Nekrophilie auch in der Sucht mancher Menschen nach Horrorfilmen erkennen, in der es möglichst viele Tote gibt. Gegen die Bedrohung durch die Faszination des Todes, die sich heute bei immer mehr Menschen beobachten lässt, hat Papst Johannes Paul II. eine Kultur des Lebens gefordert, die den Tod nicht verdrängt, sondern einschließt. Darin geht es darum, sich mit dem Tod bewusst auseinander zu setzen, den Tod in sein Leben zu integrieren und ihn nicht zu verdrängen.

In einer humanen Kultur des Sterbens und des Todes werden wir beiden Haltungen begegnen: der Angst vor dem Tod und der Sehnsucht nach dem Tod. Beiden muss ich mich stellen. Die Angst vor dem Tod soll mich einladen, mich mit dem Tod vertraut zu machen. Und die Todessehnsucht soll ich befragen, ob sie ihren Grund darin hat, dass ich nicht mehr leben möchte oder kann, oder ob sie mich verweist auf das Glück, das mich in Gott erwartet. Wenn ich weiß, dass mich im Tod ewiges Leben erwartet, Glück, Friede und Vollendung, dann relativiert sich das Leid hier. Und ich darf mich mitten in meinem Leid nach dem Tod als der Erlösung von allem Leid sehnen. Die Sehnsucht wird dann nicht zur Flucht vor dem Leid. Sie kann mich sogar befähigen, das Leid besser zu tragen. Das ist keine Vertröstung, sondern ein echter Trost und neue Festigkeit. Denn ich definiere mich nicht vom Leid her, sondern von dem, was mich trägt, und von dem, der mich im Leid und im Tod in seinen guten Händen hält.

Gibt es ein Leben nach dem Tod?

* * * * * * *

In der ganzen Menschheit ist die Frage nach dem Jenseits des Todes lebendig. Und in allen religiösen Traditionen glauben Menschen, dass mit dem Tod nicht alles aus ist. Sucht man allerdings nach konkreten Antworten, dann wird man feststellen: Die Antworten sind sehr verschieden, so verschieden wie die Vorstellungen von einem Leben nach dem Tod. In manchen Religionen gibt es die Vorstellung von der Reinkarnation, von der Wiedergeburt. Allerdings ist es gut, genau hinzuschauen, was die einzelnen Religionen darunter verstehen und auf welche Fragen und Probleme sie mit diesem Modell antworten möchten. Im Christentum, im Judentum und Islam gibt es die Vorstellung, dass wir im Tod zu Gott kommen, in das Paradies oder in den Himmel, sofern wir uns im Tod für Gott entscheiden.

Der Begriff „Leben nach dem Tod" freilich ist insofern verwirrend, als man meinen könnte, nach dem Tod gehe das Leben einfach weiter. Es geht aber nicht weiter wie bisher. Das Leben, das wir hier kennen, geht im Tod zu Ende. Die Welt kommt für jeden im Tod an ihr Ende. Aber christlicher Glaube verheißt: Wir werden im Tod nicht aufgelöst oder vernichtet, sondern gelangen zu Gott und gehen in Gott hinein. Und in ihm leben wir ewig. Auch hier müssen wir gleich wieder klären, was „ewig" meint. Die Ewigkeit ist keine lange Dauer ohne Ende. Im Tod gelangen wir in einen Zustand jenseits von Raum und Zeit. Wir können uns diesen Zustand letztlich nicht vorstellen. Und wir können nichts darüber sagen, wie wir Aussagen über zeitliche Erstreckungen in unserer alltäglichen Wirklichkeit treffen können. Aber wenn wir uns der Bildhaftigkeit unseres Sprechens bewusst sind, können wir durchaus sagen: Es gibt ein Leben nach dem Tod. Mit dem Tod ist nicht alles aus. Wir werden für immer in Gott hinein gerettet. Wir als Person werden im Tod die Erfüllung unserer Sehnsucht erfahren. Alles, was wir hier ersehnt haben, das werden wir im Tod und nach dem Tod in Gott in Fülle genießen.

Die Frage nach dem nachtodlichen Leben haben große Geister der Menschheitsgeschichte sehr verschieden beantwortet. Die einen meinen, wir würden in unseren Gedanken weiterleben. Die anderen sprechen von den Kindern, die unser Leben weiter tragen. Der christliche Glaube sagt: Wir werden auf neue Weise leben. Wir werden erst eigentlich das verwirklichen, was wir hier „Leben" nennen. Das Leben, das wir hier leben, ist nur eine Ahnung vom ewigen Leben, in dem alles eins ist: Gott und Mensch, Mensch und Schöpfung und die Menschen miteinander.

Wenn ich sage: Wir Christen glauben daran, dass wir im Tod in Gott hineingehen und in das ewige Leben bei ihm und mit ihm und in ihm, dann klingt es allzu einfach. Wie sollen wir das verstehen? Und woher nehme ich die Gewissheit, das zu behaupten? Zunächst gehen wir im Tod in das Dunkel, in das Ungewisse. Viele Menschen haben Angst vor dem Tod, weil sie da das Leben nicht mehr planen können. Da haben sie nichts in der Hand. Da wird ihnen alles aus der Hand genommen. Das ist der Augenblick des Todes, in dem wir aufhören zu leben, zu atmen, zu denken. Es ist der Kontrollverlust, der vielen Angst macht. Aber dann – so glauben wir – fallen wir eben nicht in das Dunkel, sondern in die Liebe Gottes hinein.

Wir können immer wieder Berichte von so genannten Nahtodeserlebnissen lesen. Es gibt sie in allen Kulturen und allen Zeiten, und so auch heute. Menschen im Sterbeprozess, die klinisch tot waren und wieder zum Leben kamen, berichten etwa, dass sich ihre Seele vom Leib getrennt habe, dass sie alles mitbekommen haben, was um sie herum gesprochen wurde. Und dann sei die Seele durch einen dunklen Tunnel in ein großes, helles und angenehmes Licht gelangt, das voller Liebe war. Oft erzählen sie, dass verstorbene Verwandte ihnen entgegengekommen seien. Solche Berichte sagen natürlich weder etwas über den Tod aus, noch sind sie ein Beweis für das, was uns im Tod wirklich erwartet. Aber sie können als Bilder einer Erfahrung doch auch als Bestärkung dessen dienen, was wir glauben.

Aus einer Perspektive der Psychologie hat C. G. Jung gemeint, es sei gesund für die Psyche des Menschen, an ein Fortleben nach dem Tod zu glauben. Denn wenn einer meine, mit dem Tod sei alles aus, dann würde er sich nur krampfhaft am Leben festhalten. Im Tod ein Ziel zu sehen, ermöglicht es uns, unsere Vorstellungen vom Leben loszulassen und gelassener und somit reifer zu leben. Jung meint, es sei „neurotisch, sich nicht auf den Tod als ein Ziel einzustellen". „Es scheint also der allgemeinen Seele der Menschheit mehr zu entsprechen, wenn wir den Tod als die Sinnerfüllung des Lebens und als sein eigentlichstes Ziel betrachten anstatt als ein bloß sinnloses Aufhören."

Aber auch diese psychologische Erfahrung ist kein letzter Beweis für das, was uns im Tod erwartet. Nur deuten so viele Erkenntnisse darauf hin, dass es sinnvoll erscheint, an ein Leben nach dem Tod zu glauben. Auf die Frage nach dem „sicheren Wissen" bleibt nur die Antwort: Letztlich bleibt der Sprung in den Glauben, der aber kein Sprung gegen die Vernunft ist, sondern das Denken der Vernunft als Anlauf nimmt, um darüber hinaus zu springen.

• • • • • • • •

Die christliche Tradition hat drei Bilder zur Meditation empfohlen, um zu verstehen, wohin wir im Tod gehen. Das erste Bild ist das Bild der Wohnung. Jesus sagt vor seinem Tod: „Ich gehe, um für euch eine Wohnung vorzubereiten." (Joh 14,2) Wir werden in die ewige Wohnung hinein sterben. Diese Wohnung hat Jesus uns vorbereitet. Wir dürfen aber auch darauf vertrauen, dass die Lieben, die vor uns gestorben sind, uns diese Wohnung bereiten. Jeder, der stirbt, nimmt etwas von uns mit. Das, was wir mit ihm geteilt haben an Liebe, an Freude, an Zeit, das nimmt er mit. Und er schmückt damit gleichsam die Wohnung, in die wir hinein sterben werden. Wir werden also nicht in das Dunkle und Unbekannte hinein sterben, sondern in eine liebevoll vorbereitete Wohnung, in der wir für immer daheim sein werden.

Das zweite Bild ist das Bild der Pietà. Maria hält den toten Jesus auf dem Schoß. Dieses Bild entstand im 13. und 14. Jahrhundert, also in Zeiten, in denen die Pest in Europa wütete. Es war ein Trostbild für Menschen in ihrer Todesangst. Maria mit dem toten Jesus auf dem Schoß zeigte ihnen: Du wirst nicht in die dunkle Kälte hinein sterben, sondern in die mütterlichen Arme Gottes. Gott wird dich genauso liebevoll und zärtlich in seine Hände nehmen, wie Maria ihren toten Sohn umfängt und hält.

Das dritte Bild bezieht sich auf die Geschichte vom armen Lazarus, den Engel nach seinem Tod in den Schoß Abrahams trugen (Lk 16,22). Dieses Bild hat die Liturgie aufgegriffen. Wenn wir den Sarg eines Mitbruders nach dem Requiem aus der Kirche zum Friedhof tragen, singen wir den alten Gesang: „In paradisum deducant te angeli". „In das Paradies mögen die Engel dich geleiten." Es ist ein tröstliches Bild, das uns die Liturgie vor Augen hält: Keiner stirbt allein. Jeder hat seinen Engel bei sich, der ihn über die Schwelle des Todes in Gott hineinträgt.

Diese drei Bilder beinhalten letztlich das Gleiche: Wir werden in die Liebe Gottes hinein sterben, die uns erwartet, uns verwandelt und uns erfüllt, die uns hinein nimmt in die Einheit mit Gott.

Was spricht für die Hoffnung, dass Liebe letztlich stärker ist als der Tod?

• • • • • • •

Zunächst können wir feststellen: Bei Menschen aller Religionen und Kulturen ist diese Hoffnung da, dass die Liebe stärker sei als der Tod. Im Alten Testament heißt es im Hohenlied der Liebe: „Stark wie der Tod ist die Liebe, die Leidenschaft ist hart wie die Unterwelt." (Hld 8,6) Nun könnte man sagen, diese Hoffnung sei eine emotionale Hilfe für die Menschen. Mit dieser Hoffnung können sie an ihrer Liebe festhalten. Doch wenn die Hoffnung ein bloßer Trick ist, damit die Menschen lieben können, dann wäre das zu wenig. Es ist eine Frage der Entscheidung, ob wir unserer Hoffnung trauen oder ob wir sie nur als psychologischen Trick der Natur ansehen. In der Hoffnung liegt zumindest das Vertrauen, dass sie nicht ins Leere geht, sondern der Wirklichkeit entspricht. Aber beweisen kann man das nicht. Das ist Sache des Glaubens. Ich darf und soll im Glauben „springen". Ich darf die „Wette" riskieren. Ich darf mich für diese Karte der Hoffnung entscheiden. Die Alternative wäre: Ich bleibe immer Zweifler. Wenn ich mich so entscheide, wird aber alles absurd in unserer Welt. Dann können wir keinem Gefühl und keiner Erkenntnis trauen, weder dem Glauben, noch der Hoffnung, noch der Wissenschaft. Denn auch die Wissenschaft stellt nur Hypothesen auf. Und im Blick auf existentielle Fragen kann auch sie keine Gewissheit bieten.

Natürlich ist die Alternative denkbar: dass nicht die Liebe, sondern der schweigende Unsinn die letzte Realität ist. Aber wenn ich diese Alternative zu Ende denke, mit allen

Konsequenzen, dann steigt in mir ein tiefes Gefühl hoch, dass es so nicht sein kann. Oder zumindest kann ich für mich sagen: „In dieser Welt, wo alles letztlich Unsinn ist, will ich nicht leben. Ich entscheide mich für eine andere Welt, für die Welt, in der die Liebe die letzte Realität ist." Ob diese Entscheidung der Wahrheit entspricht, werde ich immer wieder in meinem Leben erfahren. Ich lebe mit dieser Entscheidung und beobachte mich, wie es mir mit dieser Entscheidung geht. Und ich habe den Eindruck, dass es mir damit besser geht als mit der gegenteiligen Entscheidung. Aber ich werde auf diesem Experimentierweg immer wieder auch Bestätigungen erfahren, dass das Experiment der Wirklichkeit gerecht wird. Wenn ich mitten in meiner Einsamkeit, in meiner Traurigkeit, in meiner Verzweiflung auf dem Grund meiner Seele eine Quelle von Liebe spüre, dann weiß ich: Es stimmt. Die Liebe ist der letzte Grund meines Lebens, der Grund, auf den ich setzen kann. Es ist letztlich ein göttlicher Grund. Es ist nicht nur das Gefühl meiner Liebe, sondern die Liebe als Qualität des Seins, die Liebe als göttliche Qualität. Oder wenn mich ein Wort Jesu so tief trifft, dass ich spüre: Dieses Wort der Liebe fällt jetzt in mich hinein. Christus, der den Tod überwunden hat, sagt mir jetzt dieses liebende Wort. Und er wird mich im Tod mit dem gleichen Wort der Liebe begrüßen. Solche Erfahrungen, die ich in diesem Leben mache, können meinen Glauben bestärken, dass die Liebe auch über dieses Leben hinaus stärker ist als der Tod.

Gibt es eine Beziehung zwischen den Lebenden und den Toten?

• • • • • • •

Die katholische Tradition spricht von der Gemeinschaft der Heiligen. Diese Tradition sagt: Wenn wir Liturgie
feiern, dann tun wir das nicht allein, sondern in Gemeinschaft mit allen Engeln und Heiligen. Wir haben teil an der
himmlischen Liturgie, in der die Engel und Heiligen ohne
Unterlass das Lob Gottes singen. In der Eucharistie feiern
wir ein Mahl, in dem Himmel und Erde miteinander eins
werden, in dem die Grenze zwischen den Lebenden und
den Toten aufgehoben wird. Wir feiern hier das heilige Mahl,
während im Himmel das ewige Hochzeitsmahl gehalten
wird. Wenn die Liturgie die Wirklichkeit so sieht, gehen wir
also davon aus, dass es eine Beziehung von Lebenden und
Toten gibt. Wir erfahren in ihr die Gemeinschaft mit allen,
die uns im Glauben vorausgegangen sind und nun in Gottes
Herrlichkeit sein Lob singen.

Noch etwas aus der Praxis christlicher Frömmigkeit können wir in diesem Zusammenhang bedenken: Wir bitten die
Heiligen um Fürsprache. Was wir von den Heiligen sagen,
gilt für alle Menschen, die im Glauben gestorben und nun
bei Gott sind. Wir dürfen sie bitten, dass sie für uns eintreten, dass sie uns innerlich auf unserem Weg begleiten. Viele
erfahren diese Begleitung ganz real. Ein Mitbruder erzählte
mir von seiner Mutter, die im Krieg nachts nochmals in die
zerbombte Wohnung gegangen war, um etwas zu holen. Auf
einmal hörte sie die Stimme ihres verstorbenen Mannes:
Sie solle stehen bleiben. Darauf zündete sie in der dunklen
Wohnung an ein Streichholz – und sah, dass sie unmittelbar

vor einem Abgrund stand. Vor ihr war alles eingebrochen. Die Stimme ihres Mannes hatte sie also vor dem sicheren Tod bewahrt. Solche dramatischen Erfahrungen sind sicher eine Ausnahme. Aber manchmal begegnen uns Verstorbene auch im Traum. Wenn wir träumen, dass sie anwesend sind und zustimmend lächeln, dürfen wir das auch als Zeichen dafür deuten, dass sie einverstanden sind mit unserem Leben und es unterstützen. Und wenn sie uns ein Wort sagen, an das wir uns auch nach dem Traum noch erinnern können, dann dürfen wir dankbar sein für eine solche Wegweisung. Manche erfahren die Verstorbenen als innere Wegbegleiter. Sie geben Zeichen ihrer Fürsorge und Nähe. Oder sie befähigen sie zu etwas, das sie aus sich selbst heraus nie könnten. So erzählte eine Mutter, die fünf Totgeburten gehabt hatte, dass ihre Kinder für sie Engel seien, die ihr die Fähigkeit geben, besonders sensibel auf schwierige Kinder einzugehen und sie zu begleiten.

Bei aller Aufmerksamkeit auf solche Beziehungen dürfen wir die Toten freilich nicht als „Medium" benutzen, wie es manche tun. Die Toten hören nicht auf unsere Beschwörungen. Was etwa bei den fragwürdigen Methoden des Channeling herauskommt, ist meist Selbsttäuschung, weil es dem eigenen Unbewussten entspringt und nicht von den Verstorbenen selbst kommt. In einer magischen Praxis mache ich mir – freilich nur scheinbar – verfügbar, was in Wirklichkeit unverfügbar ist. Wenn es Erfahrungen der Beziehung zu Toten gibt, dann kommt in ihnen immer beides zum Ausdruck: Die Bezogenheit und die Unverfügbarkeit.

Gibt es eine Wiedergeburt?

● ● ● ● ● ● ●

Jesus spricht von der Wiedergeburt im Geist. Als Christen werden wir im Heiligen Geist wiedergeboren. Die Taufe ist so eine Wiedergeburt im Heiligen Geist. Heute verbinden viele Menschen mit Wiedergeburt den Gedanken der Reinkarnation: Ein Verstorbener wird nach seinem Tod in einem neuen Menschen oder in einem Tier wiedergeboren. Wir können feststellen, dass manche Religionen insbesondere im asiatischen Kulturkreis die Idee der Wiedergeburt kennen. Aber wir müssen genau hinsehen, was sie wirklich darunter verstehen. Im Buddhismus geht man nicht von einer Wiedergeburt in einer konkreten Gestalt aus. Vielmehr gelangt das Karma des Verstorbenen an den Muttermund. Wir könnten das heute psychologisch erklären, dass die Verstorbenen einen Einfluss auf die Nachgeborenen haben. Im Buddhismus ist das Ziel des Menschen, ins Nirwana zu gelangen, in den Ort reiner Seligkeit, den wir mit Himmel bezeichnen. Wiedergeburt ist hier ein Fluch, der die trifft, die den spirituellen Weg der Verwandlung nicht richtig und angemessen gegangen sind. Im Westen haben wir die buddhistische Idee der Wiedergeburt dagegen oft mit unserem Leistungsdenken verbunden. Wir meinen, der Mensch könne in einem Leben nicht alle seine Fähigkeiten ausleben. Daher müsse er nochmals geboren werden. Im Hinduismus wird der Gedanke der Wiedergeburt in den Heiligen Schriften gelehrt, als Erklärung der Ungleichheit unter den Menschen verstanden und stark mit der Vorstellung der Reinigung verbunden. Um zu Gott zu kommen, müssen wir uns erst reinigen. Und das geschieht nicht in einem Leben allein.

Die christliche Antwort auf die existentiellen Fragen, die sich alle Religionen stellen, ist eine eigene Antwort. Und diese Antwort heißt: Es gibt keine Wiedergeburt nach dem Tod im Sinne einer Wiederholung des Lebens. Wir sprechen nur von der Wiedergeburt der Taufe, die wir hier erleben, oder aber von der Wiedergeburt im Tod, in dem wir in Gott hineingeboren werden. Wir glauben, dass unser Leben einzigartig und einmalig ist. Daher sollen wir es ernst nehmen und bewusst leben. Und wir glauben, dass nicht wir uns bis ins Letzte zu reinigen vermögen und es auch nicht müssen, sondern dass Gott uns letztlich im Augenblick des Todes durch seine Liebe reinigt, damit wir mit ihm eins werden können. Und wir sind frei von einem perfektionistischen Leistungsdenken, das verlangt, dass wir möglichst alle Fähigkeiten entfalten müssen. Wir sollen aus unserem Leben machen, was wir machen können. Wir sollen das Leben nutzen. Aber wir dürfen auch vertrauen, dass Gott uns letztlich vollendet. Alles, was wir aus uns machen können, ist gering im Vergleich zu dem, was er aus uns zu formen vermag.

Kommt am Ende die große Abrechnung als Gericht – oder wird alles gut?

● ● ● ● ● ● ●

Wenn die Bibel vom Endgericht spricht, dürfen wir solche Gedanken nicht einfach ablehnen oder als überholt ansehen. Die Frage ist, wie wir diese biblischen Aussagen verstehen sollen. Wir werden im Tod Gott begegnen und zwar dem Gott der Liebe. Aber in der Begegnung mit der Liebe Gottes werden wir auch uns selbst begegnen und unserer eigenen Wahrheit ins Auge sehen. Und das ist das, was die Bibel mit Gericht meint. Wir dürfen uns das Gericht nicht äußerlich vorstellen, so als ob Gott unsere guten und bösen Taten auf die Waage legt und wir, wenn die Waage zum Bösen hin ausschlägt, das Gericht nicht bestanden haben und auf ewig verurteilt sind. Das sind menschliche Bilder und äußere Vorstellungen, die in Gott hineinprojiziert werden. Gericht meint vielmehr, dass wir nicht an unserer Wahrheit vorbei zu Gott kommen können. Der Philosoph Max Horkheimer, der stark in der jüdischen Tradition verwurzelt war, meint einmal, es sei eine Ursehnsucht der Menschen, dass die Täter nicht über ihre Opfer triumphieren. Die Sehnsucht nach Gerechtigkeit steckt tief in uns. Und wir dürfen diese Sehnsucht nicht überspringen. Doch wir müssen die Sehnsucht nach Gerechtigkeit von Rachegedanken befreien. Wir werden im Tod vor Gott unserer eigenen Wahrheit begegnen. Aber wenn wir uns in die Liebe Gottes hinein ergeben, sind wir gerettet. Nur wenn wir der Liebe nicht glauben, sind wir gerichtet. Nicht Gott richtet uns, sondern wir selbst haben uns dann verurteilt. Wir haben in uns die Hoffnung aufgegeben, von Gottes Liebe angenommen zu werden.

Die Vorstellung vom Gericht ist so zu verstehen: Ich begegne Gott in seiner Liebe. Und ich darf vertrauen, dass er mich ganz und gar auf sich ausrichtet. Nur wenn ich mich diesem Ausgerichtetwerden verschließe, schließe ich mich selbst vom Leben aus. Ich kann nicht einfach sagen, dass am Ende auf jeden Fall alles gut wird. Das wäre zu billig. Aber ich darf hoffen, dass sich kein Mensch der Liebe Gottes endgültig verschließen wird. Ich hoffe, dass auch der, der an sich verzweifelt ist, der anderen Böses angetan und dabei sich selbst mit verletzt hat, angesichts der Liebe Gottes seiner tieferen Sehnsucht nach Liebe folgt und sich in Gott hinein ergibt. Gewissheit habe ich darüber nicht. Aber das zu hoffen, das ist christlich.

Wo finde ich Hoffnung, dass nicht alles umsonst ist?

• • • • • • •

Ich selber finde solche Hoffnung letztlich nur in Gott. Doch wenn ich keine Hoffnung spüre, dann versuche ich, mir die Worte der Propheten, vor allem aus dem Propheten Jesaja, ins Herz fallen zu lassen und sie zu meditieren. Zwar kenne ich auch den Zweifel an diesen Worten: Zu schön, um wahr zu sein. Aber es gibt in mir eine Ahnung, dass ich diesen Worten trauen darf, dass nicht alles umsonst ist. Ein solches Hoffnungswort ist für mich das Wort aus Jesaja 43: „Fürchte dich nicht, denn ich habe dich ausgelöst, ich habe dich beim Namen gerufen, du gehörst mir. Wenn du durchs Wasser schreitest, bin ich bei dir, wenn durch Ströme, dann reißen sie dich nicht fort. Wenn du durchs Feuer gehst, wirst du nicht versengt, keine Flamme wird dich verbrennen." (Jes 43,1f) In diesem Trostwort wird das Negative des Lebens nicht ausgeklammert. Manchmal werden mich die Wasser meines Unbewussten überschwemmen. Manchmal kann das Gefühl hochkommen, mit meiner Arbeit oder mit meiner Firma bis zum Hals im Wasser zu stehen. Und manchmal werde ich die Erfahrung machen, im Feuer der Eifersucht oder des Hasses anderer zu stehen und daran zu verbrennen. Dann stärken solche Worte meine Hoffnung, dass mir im Grunde nichts widerfahren kann, was mir wirklich schaden oder was mich vernichten könnte.

Ein anderes Hoffnungswort ist für mich die Zusage Jesu an seine Jünger am Ende des Matthäusevangeliums: „Seid gewiss: Ich bin bei euch alle Tage bis zum Ende der Welt." (Mt 28,20) Ich bin auf meinem Weg nicht allein. Jesus geht mit mir, er, der den Weg durch alle Dunkelheit hindurch selbst

gegangen ist und alle Einsamkeit, Ohnmacht und Verzweiflung selber kennt. Es gibt keinen Ort, an dem ich völlig
allein bin oder gar verlassen. Das gibt mir Hoffnung, mich
selbst nicht zu verlassen und mich selbst nicht aufzugeben,
sondern auch bei mir zu bleiben. Ich kann bei mir bleiben,
weil er es bei mir aushält und bei mir bleibt.

Was ist mein letztes Ziel im Leben?

● ● ● ● ● ● ●

Ziel meines Lebens ist, dass mein Ego aufhört, das ursprüngliche und unverfälschte Bild Gottes in mir zu verstellen und dass ich immer durchlässiger werde für seinen Geist. Ich vertraue darauf, dass mein Leben zum Segen wird für andere, dass ich selber zum Segen werde, wenn ich nicht mehr egozentrisch um den eigenen Erfolg kreise oder mich auf die eigene Wirkung fixiere. Erst dann bin ich wirklich frei. Denn dann bin ich wahrhaft fähig zu lieben. Diese innere Ahnung eines reinen und klaren Lebens sehe ich in manchen Heiligen erfüllt. Ich weiß, dass ich sie nicht kopieren kann. Das möchte ich auch nicht. Aber ich spüre, dass es mein Ziel ist, ganz ich selbst zu werden, ganz der zu werden, zu dem Gott mich berufen hat, ohne Gott für mich zu benutzen und ohne mich selbst darstellen zu wollen.

Das letzte Ziel meines Lebens: Ich hoffe darauf, dass ich im Tod in Gottes Liebe hinein sterbe und mich satt sehen werde an ihm, wie es im Psalm 17 heißt: „Ich aber will in Gerechtigkeit dein Angesicht schauen, mich satt sehen an deiner Gestalt, wenn ich erwache." (Ps. 17,15) Mein letztes Ziel ist jenseitig. Aber dieses jenseitige Ziel heißt nicht, dass ich Ziele hier in meinem Leben überspringe.

Mein Ziel ist also der zu werden, der ich von Gott her bin, Frucht zu bringen, wie Jesus es denen verheißen hat, die in ihm bleiben und in denen er bleibt. Und ich weiß, dass ich nur dann wirklich fruchtbar werde, wenn ich mein Ego loslasse und ganz und gar durchlässig werde für die Liebe. Eine Liebe, die in mir strömt, um durch mich zu anderen zu fließen und sie zu erfreuen.

REGISTER